◆中小学生反欺凌故事丛书◆

林 挚 主编

守护少年的你 Ⅱ

中学生反欺凌故事

林璟团 郭 琼 王 芳 编著

海峡出版发行集团 THE STRAITS PUBLISHING & DISTRIBUTING GROUP | 福建人民出版社 FUJIAN PEOPLE'S PUBLISHING HOUSE

图书在版编目（CIP）数据

守护少年的你．Ⅱ，中学生反欺凌故事 / 林璟团，郭琼，王芳编著．-- 福州：福建人民出版社，2023.11
（中小学生反欺凌故事丛书 / 林挚主编）
ISBN 978-7-211-09244-4

Ⅰ．①守… Ⅱ．①林… ②郭… ③王… Ⅲ．①校园—暴力行为—预防—中学 Ⅳ．① G637.4

中国国家版本馆 CIP 数据核字（2023）第 231944 号

守护少年的你Ⅱ
SHOUHU SHAONIAN DE NI Ⅱ
——中学生反欺凌故事

主　　编：林　挚
编　　著：林璟团　郭　琼　王　芳
责任编辑：程顺祺
责任校对：林乔楠
出版发行：福建人民出版社　　**电　　话：**0591-87533169（发行部）
网　　址：http://www.fjpph.com　　**电子邮箱：**chengshunqi@qq.com
地　　址：福州市东水路 76 号　　**邮政编码：**350001
经　　销：福建新华发行（集团）有限责任公司
印　　刷：福建新华联合印务集团有限公司
地　　址：福州市晋安区福兴大道 42 号
电　　话：0591-88208420
开　　本：787 毫米 ×1092 毫米　1/16
印　　张：8.25
字　　数：84 千字
版　　次：2023 年 11 月第 1 版
印　　次：2023 年 11 月第 1 次印刷
书　　号：ISBN 978-7-211-09244-4
定　　价：35.80 元

本书如有印装质量问题，影响阅读，请直接向承印厂调换。

序

这套专为孩子们研发的“中小学生反欺凌故事丛书”非常有教育意义。其编写的内容层次清晰，情景真实生动，言语自然流畅，人物形象鲜活，案例贴近生活，特别适合孩子们在各个学习阶段研读。

小学是孩子进入学校学习的第一个阶段，在此之前他们主要生活在家庭和父母的呵护之下，父母的个性和修养常常会对孩子产生不同的影响，亦即家庭的社会化功能较弱。学校则与之不同，具有标准社会化的特点。

进入小学后，孩子们一方面开始接受系统的知识学习，建立各种与学习有关的习惯；另一方面也开始面对家庭所不具有的同学关系，在同辈交往中逐渐形成社会关系雏形，进而养成相关的社会行为规范。这种社会交往方式和行为规范将会延伸到他们成年后的人际关系中，也会影响他们未来的社会行为是否具有法律的意识和准则。

同样，中学阶段，是孩子交往方式、行为习惯基本定型并趋于稳定的关键期，也是孩子在经过小学六年的性格、习惯培养后，开始更独立地思考、校准各自的行为方式，并逐渐成长为一名完整的社会个体的重要时期。在这个过程中，持续、有针对性地提供科学的行为引导非常必要。

所以，这套看似是为应对欺凌而研发的故事丛书，实际上也是教导小学生们如何建立良好的人际关系、形成良好的社会行为规范，辅助中学生们如何更有效地规范自己的言行举止、形成健康阳光的社会人格的生动教材。

这套书的六个主题基本涵盖了中小学生在学校内外可能遇到的与人相处模式及必须规范的行为方式：

“如何称呼别人”这一主题涉及基本的待人规则。在人的早年社会化过程中绝不能养成随意嘲讽、贬损、侮辱他人的习惯。对欺凌者而言，他们的欺凌行为在造成对同学心理伤害的同时还会形成自身不良的心理倾向，一旦延伸到成年，他们就可能因缺乏礼貌、不文明、无教养的表现而遭受社会性厌恶或拒绝。

“为何不可豪夺、毁坏他人财物”这一主题涉及人与人之间最基本的一个法则：东西是有你我之分的。在社会生活中不可随意强取他人财物，更不可随意破坏他人东西。孩子们在玩闹中显现的这种豪夺、毁物欺凌一旦延续到成年就容易造成违法倾向。因此，及时制止孩子们这类欺凌行为，有助于形成正确的法律意识和行为规范。

“嬉笑打闹要有度”这一主题也涉及人在成长中必须要遵守的与人冲突时的规则。让孩子们明白，即使“格斗”也需要年龄、体重、身高等方面的对等和公平，不能以强凌弱，更不能以暴力的强势伤及对方的健康与生命，否则将遭受法律惩罚。

“如何辨识并防范潜在的‘大灰狼’”，这一主题让孩子们自年幼时便了解“社会人”的复杂性，除了因自己弱小或寡不敌众而遭受欺凌外，在同一社会中有些看似熟悉的大同学或友好的成年人有时对毫无社会经验的未成年人也会居心不良。通过阅读本书，孩子们可学会如何辨识“大灰狼”并保护自己，如何在关键时刻求助警察。

“虚拟世界同样不能肆意妄为”这一主题告诉同学们，只要你身处社会中，即使使用间接、隐身等小聪明的方式欺凌别人，仍然会被发现。不良的言语和欺凌行为在虚拟网络中也会伤人。当然事情揭露后，欺凌的同学会因此失去朋友、失去自尊。所以，从小开始就要让孩子们记住：即使在别人看不到的地方，也不要做不好的事情。

从“为什么不能合伙欺负人”这一主题可以看出，校园欺凌常见的现象是几个同学合伙欺负一个同学。欺负别人时只是觉得好玩，却不知这种行为将给他人的校园生活留下痛苦记忆，不利于他人的身心健康，而且，合伙欺凌一旦成为风气，任何人在团伙面前都会显得孤立无援，受到各种欺压。所以，当多位同学成为好朋友时，更要有意识地接近帮助那些孤独的同学，让他们分享你们的快乐而不是压力。

非常希望这本书能够成为中小学生的普法课本，让孩子在阅读、扮演情景剧、思考和讨论中看清欺凌的危害性，思考如何与同学友好相处，不让任何一位同学孤独或被欺凌，在互相帮助中留下在学校学习生活的美好记忆，成为文明、礼貌、守规则、有教养的好学生。

2023.11.7

前言

近年来，我国对中小学生欺凌问题的关注度日益增加，在国家出台的一系列政策中，欺凌的定义也在不断演化。2016年4月，国务院教育督导委员会办公室发布《关于开展校园欺凌专项治理的通知》，定义了校园欺凌。同年11月教育部等9部门联合发布的《关于防治中小学生欺凌和暴力的指导意见》首次使用了“学生欺凌”的概念。2017年，教育部等11部门联合印发的《加强中小学生欺凌综合治理方案》再次对中小学生欺凌做出界定，更加明确了关注的群体、监管的范围、发生的频率、后果的认定等。2020年修订的《中华人民共和国未成年人保护法》首次从立法层面定义了学生欺凌。新修订的《中华人民共和国未成年人保护法》实施当日，教育部颁布《未成年人学校保护规定》，针对学生欺凌等建立专项保护制度，将侵犯身体、侮辱人格、损害财产、恶意排斥、网络诽谤或恶意传播隐私等五类行为纳入“学生欺凌”。2022年，在《中小学法治副校长聘任与管理办法》指引下，最高人民法院开始着手选任、培养一批政治素质高、业务能力强、熟悉未成年人身心特点的法官，建立一支优质的法治副校长队伍，根据学校需求和不同年龄段学生特点，有针对性地开发防范学生欺凌的课程课件。2023年，首次出台的《未成年人网络保护条例》再次凸显了针对学生欺凌分类防范、综合治理的重要性。

随着国家层面欺凌治理制度构建的日渐完善，地方层面也密集出台了系列文件予以充分落实。例如：福建省出台校园欺凌综合治理方案，要求事件处置以学校为主，并于10日内完成调查；吉林省11部门发文整治校园欺凌，成立中小学生欺凌防治机构；天津市出台预防和治理校园欺凌的地方性法规，以立法方式对欺凌说“不”；广东省通过制定欺凌治理方案，分别规定了情节“轻微”“比较恶劣”“恶劣”直至违反治安管理或犯罪欺凌行为及其对应的处置方式。据2019年1月28日国务院教育督导委员会办公室印发的《关于各地中小学生欺凌防治落实年行动工作情况的通报》，“在学生欺凌防治工作开展过程中，各地积极探索、充分实践，形成了诸多形式新颖、主题鲜明、参与度高、防治效果好的方式方法”。该通报还肯定了地方政府组织编写的各类学生欺凌防治指导手册，如云南省的《校园欺凌预防与应对手册》和上海市的《法治护航 校园“零”欺》等主题教育读本。

上述反欺凌教育读本的出版进一步推动了欺凌危害的宣传普及，但仍存在须完善的地方，主要表现为：一是内容与读者对象适配性不足。部分以教材、专著等形式出现的图书同时面向老师、家长和学生，且并未区分不同学龄段，导致说理不够透彻，对学生启发力度有限。二是图书整体设计趣味、教育兼容性不够。如部分图书以说教为主，形式不够活泼，通过漫画形式阐述小故事或场景再现的图文书较少；部分提供的应对方式仍以宣传预防为主，寄望于从认知层面杜绝以拳打脚踢为主要形式的欺凌行为，而对隐性的社交欺凌和网络欺凌等未能予以充分的重视。

欺凌绝不仅仅是拳打脚踢！欺凌也不仅仅只发生在校园内！欺凌事件的治理既需要通过和谐人际关系构建以防微杜渐，更需要明确的法律法规干预和处置；既需要阐述欺凌危害以强化大部分同学对反欺凌的认同，也需要以鲜活的判罚案例以震慑并制止少部分同学的欺凌想法和行为。鉴于此，在广泛调研的基础上，我们组织有关专家精心编写了中小学生反欺凌故事丛书，分别为《守护少年的你Ⅰ》和《守护少年的你Ⅱ》，对应小学生和中学生阅读。该丛书在借鉴国内外反欺凌研究的最新理念基础上，针对中小学不同阶段学生的心理特点，以大南的成长为主线，通过多个性格各异的人物设置，讲述他们在成长过程中的反欺凌故事。在故事评析模块，通过再现故事中的欺凌者、被欺凌者和旁观者的心路历程，引导读者自我测评，思考合理的应对方式；同时，选取与章节故事相匹配的生活中的欺凌事件、典型司法案件或案例改编，链接相关法律法规，实现对中小学生法治理念的浸润。此外，在以案释法之后，配套引入案例启发栏目，在点评案例的同时提供应对不同欺凌方式的合理方法，帮助读者在反欺凌的“知行合一”尝试中共同构建健康、友好的成长环境。除了上述“故事+案例”由浅入深的阐述，各章末尾还留下了一些发散性问题，进一步引导不同学龄段的学生正确地辨识欺凌、多样化地应对欺凌。

欺凌，是对“祖国花朵”的摧残，我们每个人都有反欺凌的责任和义务。本书编写组吸纳了一线法官、教师等众多专业力量，完稿后还根据教育心理学方面专家的意见进行了完善。本套教育读本的特点体现在以下几个方面：一是严格确保科学性。针对中小学生的身心发育特点，摘选与其成长历程相匹配的故事、案例，通过严谨的说理分析，将“遵纪守法”的种子播撒于心田。二是充分突出趣味性。每一章节以故事为引，以思想启蒙为主，以释法说理为辅，旨在于轻松愉快的阅读思考中形成反欺凌的广泛共识。三是充分着眼实用性。反欺凌教育绝非单凭学生自觉之力即可完成，而要聚家长、校园、社会之合力。建议本书以如下方式使用：在入学之初，由老师将6个主题分成6次法律研讨课，每周1节课，或由家长陪伴阅读。同学们可以根据故事情节进行角色扮演，最后由老师引导全班进行讨论。在课程全部结束后，每位同学都要写出学习心得，交给老师，以最大程度凝聚反欺凌共识。另外，书中选编的案例既是对社会各界有益的反向督促，也是反欺凌教育工作开展的有力抓手。冀望这套倾注了多位专家学者心力、以故事叙述为特色的反欺凌图书能够为切实推进中小学生反欺凌教育工作贡献绵薄之力，但由于时间仓促、水平有限，本书还有待读者、专家多提宝贵意见，以日臻完善。

编者

2023年11月

目录
CONTENTS

第一章　恶意诽谤太伤人

“发小”明白不？发小啊！　1

第二章　往来交际须留心

“重量级”小伙伴，登场！　19

第三章　君子动口不动手

“黄青天”的战斗力是一亿五千万！　38

第四章　明抢暗索违法纪

这打野怎么搁线下抢经济啊？　57

第五章　拉帮结派损友谊

“美少女Moonlight！”　78

第六章　网络不是“法外地”

我夏洛克·启桁一贯劝人向善　96

人物简介

大南出身于普通家庭，是一个平凡的少年。尽管他学习态度端正且勤奋努力，但囿于功课基础薄弱，总是没法考出好成绩。他性子偏软，有些“天然呆”，做啥都是老大难，因此时常受人欺负。他与班长雨昕结识多年，二人有着深厚的“革命友谊”。

大南

雨昕是大南的老同学，正义感爆棚的班长。她品学兼优、责任心强，是老师们的小助手、同学们的主心骨。勇敢机敏的雨昕总是散发着“班长光芒”，向需要帮助的同学伸出援手，对一切恶意说“不”，维护班级团结。

雨昕

启桁是大南的同班同学兼舍友。他性格开朗，吃嘛嘛香，因此身材偏胖。启桁涉猎广泛，爱看动漫，日常生活中喜欢角色扮演，最爱读的书是《基督山伯爵》和《东周列国志》。

启桁

黄涵老师

黄涵老师是大南的班主任，通情达理，赏罚分明，对学生一视同仁，人称“黄青天”。她不仅关注学生的学业成绩，更关注学生的心理健康。黄老师坚决维护学生权益，保护他们的自尊心，是一位尽职尽责的好老师。

阿祥

阿祥是大南、雨昕的同班同学，和大南的舍友小宏称兄道弟，还有个人高马大的表哥就读于同校高中部。阿祥对优秀的班长雨昕颇为倾慕，妒忌大南同雨昕交好，处处看大南不顺眼。

小宏是大南的同班同学兼舍友，但在班上和阿祥玩得最好。他想法颇多，最喜欢给人出主意。可坏就坏在他看热闹不嫌事大的性子，每当有人因为他的馊主意倒了霉，他都会偷着乐。

小宏

夏菲菲

夏菲菲是大南班上屈指可数的有留学经历的同学，家境殷实，多才多艺，尤其擅长钢琴，是班上当之无愧的文娱委员。姣好的面容、优雅的气质、卓越的能力让她一度斩获了一众粉丝，但也同时招致一些人的恶意。

戚菱同是大南的同班同学，梦想未来走艺考路线，登上舞台，发光发亮。眼见班级的文娱委员夏菲菲人气愈来愈高，自己展示的机会却少之又少，于是嫉妒心理开始作祟，让她视夏菲菲为假想敌，做出许多愚蠢的事情来。

戚菱

文意

文意也是大南的同班同学，文静、温柔、善良、乐于助人，从不与人争辩，从不说人坏话，仿佛所有纯洁美好都能汇集于她一身。也正因她这样的性格品貌，在校园的某处，一双邪恶的眼睛盯上了她。

第一章　恶意诽谤太伤人

“发小”明白不？发小啊！

利刀割体疮犹合，恶语伤人恨不消。

——《增广贤文》

开学前一天，友洪中学张贴出了分班告示，公告栏前人头攒动，大家里三层外三层给围了个水泄不通，七嘴八舌地讨论着分班结果。

大南憋红了脸正往里钻，一声熟悉的招呼从人群里传出来：“大南，快看！我们都在7班。”大南循声望去，原来是老同学雨昕，他又凑近了往里瞧，两人的名字果真一起排在7班的行列。

和老朋友分在一个班，不愁人生地不熟，真是太好了！大南在告示栏前多站了会儿，仔细找了找小学总捉弄他的君豪和子洋分在哪个班，直到瞅见他俩分别被安排在了4班、5班，大南才长舒了一口气。

远离这俩冤家，他对新学期又多了一分憧憬。

雨昕显然也对即将开启的中学新篇章充满期待，她莞尔一

笑，转头对身旁的大南说道：“大南，我们又在一个班了，未来三年还请继续关照呀。”

“嗯嗯！”大南点点头。

“哟哟哟，”君豪不知从哪里跳出来，站在雨昕和大南的背后说道，“你俩又分在一个班了，可太让人羡慕了。小学的时候我就感觉你俩不对劲，你们是不是已经在一块了？！哈哈哈哈哈！我要昭告全世界，大南和雨昕早恋咯！”

大南一听就急了，忙辩解道：“君豪，雨昕和我只是同学关系。何况雨昕是我们的老班长了，对同学们都很照顾，你可不兴胡说呀！”

君豪得意得嗓门儿又高了几分：“我可没胡说！我早发现

了，小学时雨昕就对你特别关注，每次你在台上唱歌都能见到她在台下给你加油鼓劲！”身旁的同学纷纷投来八卦的目光，君豪似乎很享受这种备受瞩目的感觉，唯恐不乱地又补一句：“班上的同学可都看到了！”

觉察到周围同学的关注，雨昕双颊滚烫：“君豪，你……你……你！大南那是为班级争光，我是班长，理应支持。倒是你，学校班级举办的活动也不积极参加，还在这里说风凉话！”

“君豪，别说了，和他俩小情侣争论有啥意思，他们连写作业都要腻在一起，解释也都是护着对方，甜蜜得很！”子洋突然蹿了出来，跟声力挺他的老大哥。

“嘿嘿，说起写作业……要不是大南爸爸成天凶巴巴的，一副要搞‘家庭暴力’的样子，估计雨昕连作业都搁大南家写咯！”君豪撇嘴补充道。

眼见越描越黑，大南局促地捏紧了拳头，争辩道：“那是我担心自己跟不上进度才找雨昕帮我开小灶的！还有！什么‘凶巴巴’的，什么‘家庭暴力’，我爸爸人可好了，你整天欺负我，我爸爸才不给你好脸色看！”

“你去找你的雨昕姑娘解释吧！”君豪和子洋坏笑着异口同声。

一语激起千层浪，不明真相的围观者越聚越多，同学们三三两两地小声嘀咕起来。

“7班这么快就成了一对？”

“什么？被男方爸爸家暴？”

“开学第一天就听到这么劲爆的新闻！”

“真的假的？！我可得找几个熟人问问细节。”

眼见君豪和子洋还在人群中唯恐不乱地推波助澜，一股熟悉的无力感涌上大南心头。

真没想到，这两人到了中学还如此胡搅蛮缠，这次甚至把大南的爸爸和雨昕也都牵扯进来了！

大南感到自己的面颊越来越烫，眼眶周围隐隐地发胀——不行！我已经是一名初中生了！我已经长大了！不能哭！

大南努力睁大双眼，挤开人群，飞也似的逃开了。

说者无心，听者有意，谣言的传播速度令人咋舌。很快，7班的同学都默认雨昕和大南是一对了，聊天的时候也总喜欢将他俩捎带上，他们的据理力争总被大家的起哄歪曲了意思。逐渐跑偏的舆论给了大南很大的困扰，他心里像压着一块大石头一样难受，也不得不因此刻意疏远了雨昕。眼见着大南一天比一天沉默，又回到了小学时封闭内敛的性格，雨昕也着急起来。

这事很快也传到了班主任黄老师的耳朵里。黄老师在一次班委会结束后留下班长雨昕单独谈话："雨昕，刚刚从小学升入初中，还适应吗？"

"嗯……"雨昕想了想回答道，"除了数学难度一下子大了好多以外，其他科目的学习我还是比较轻松的。倒是我们班有些同学的小学学业基础可能比较薄弱，现在想跟上其他人的步伐有点困难。我建议成立一个学习结对小组，让班上学习好的同学带动一下学习暂时落后的同学。黄老师，您看这样对提升班级的整体学业水平是否会有帮助呢？”

“你的建议很有价值！看来也是有了自己的经验呢！你最近是在帮助大南同学吗？”黄老师问。

“嗯！我们小学就是一个班的，大南的学习基础比较薄弱，经常向我问问题。有时候他的问题也会让我对知识点进行重新思考，不知不觉中也巩固了自己学业呢！”雨昕颇有些骄傲地解释道。

“同学们之间相互帮扶、相互促进，这非常好！老师能看出作为班长的你关爱同学，责任心强，是个好苗子，”黄老师轻轻拍了拍雨昕的肩，欣慰地说道，“希望你继续钻研学习，将来肯定能更上一层楼！”

“老师，我知道最近总有一些流言在针对我和大南，但是我们小学就是同桌，一起参加了很多活动，就像一个战壕里的战友一样！我们的爸妈也都互相认识，常常教育我们要把心思放在学习上，一起进步……”顿了顿，雨昕颇有些无奈，“大南比较内向，不太会表达自己的心思和情

绪，这些天为了避嫌，都不咋和我说话了，我们都很苦恼……”

“这件事就交给我吧，”黄老师了解了来龙去脉，安慰道，“升入中学阶段，曾经的同学能再相聚在一个班也是一种特别的缘分，大家朝夕相处，一起成长。作为班长，如果班上有发生这种歪曲事实、捏造同学们‘绯闻’的情况，你也要第一时间告诉我这个‘黄青天’，还你们一个公道呀！”

听完老师的嘱咐，雨昕像是吃了一颗定心丸，只见她若有所思地点点头：“好的老师！我今后也会注意班上有没有类似的情况，不会让这种‘恶意诽谤’事件再度发生！”

“好孩子，时间也不早了，快回家吧！”黄老师温柔地笑道。

故事思考

1. 日常生活中，你是否遭遇过流言蜚语的困扰？
2. 如果你是大南，你会选择怎么应对？
3. 当身边有同学遇到类似的情况，你会怎么处理呢？

故事评析

跟同学开玩笑，是日常生活中常见的一种现象。其中，在校园中谣传同学早恋，把同学家庭成员的事情改编、夸大更是不胜枚举。玩笑看似不起眼，但若是蓄意通过语言方式欺负、侮辱同学，并造成了不良后果，实则是在实施欺凌。实际上，言语欺凌包括恶意起外号、编造谣言等方式。下面，我们一起走进君豪、大南和雨昕的内心世界，去了解一下言语欺凌的本质、危害及应对。

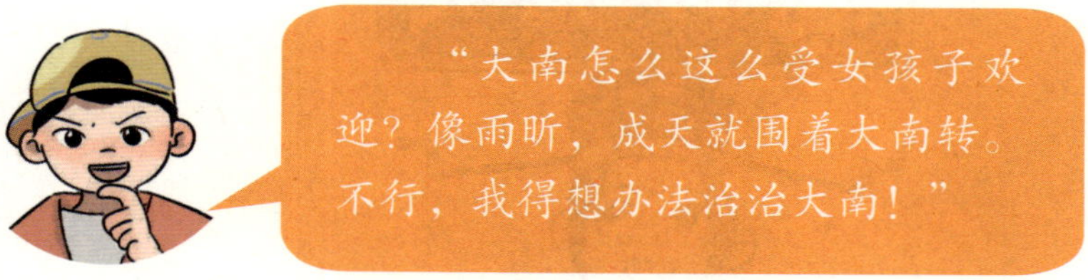

言语欺凌的触发点往往与欺凌者嫉妒或者其他类似的心理相关。之所以发生言语欺凌，多是因为欺凌者把这种内心的嫉妒、不满通过嘲笑、辱骂或恶意中伤等行为表现出来，并且造成了伤害他人的严重后果。故事中的君豪，在看到雨昕和大南的时候，说两人"早恋"，虽然带有玩笑的因素，但已经是在捏造事实、编造绯闻了。后在言语中又提及大南的爸爸，并子虚乌有地说起大南爸爸有家庭暴力倾向，已是典型的通过恶意言语欺凌同学了。这里可以着重从三个方面理解言语欺凌：

第一，行为方式为捏造事实、混淆视听。家庭暴力因危害巨大而受到法律的严厉规制。故事中的君豪，在没有事实根据的基础上，恶意描述大南的父亲一副要搞家暴的面孔，让听者将家暴直接与大南父子俩的人格相联系，进而先入为主地对大南的家庭产生消极印象。

第二，行为目的为贬损他人人格。君豪说大南、雨昕“早恋”，其实是借“早恋”一事，让人对大南、雨昕产生不守规矩、不好好学习的不良印象；说大南爸爸“家庭暴力”，严重程度更甚，容易让人认为大南品格不好、家庭生活环境不好，进而可能让同学们疏离大南，破坏了大南正常的人际关系。

第三，行为结果为对他人造成伤害。这种伤害通常不仅包括身体伤害，还有精神伤害，换言之既可能是有形伤害，也可能是无形伤害，而且具有长期性、渗透式的特点。故事中大南因遭遇了其他同学的非议，变得心事重重，就充分印证了言语欺凌的危害。

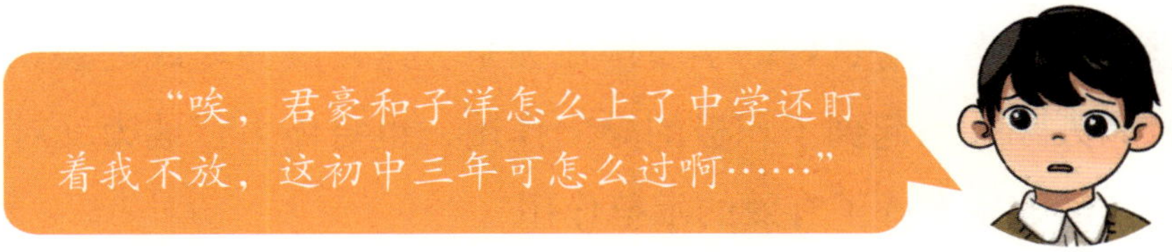

遇到欺凌，生气是本能反应。但不同的性格、行为习惯、心态则会产生完全不同的应对。故事中的大南遇到言语欺凌，虽然

内心不适，但选择沉默无视，虽然意在忍一时风平浪静，但从其“心里像压着一块大石头一样难受”可以知道，大南内心并没有真正地放下这件事情。一旦内心无所适从，那么这种危害将会持续渗透。随着时间的推移和周边环境的变化，未能及时为自己正名的大南可能会产生更大的心理压力，因此及时地缓解压力很重要。大南在君豪等人“造谣”时，应该坚定地表达自己的立场，告诉他们不要妄自拿自己和家庭成员开玩笑。如果劝阻无果，则要及时寻求老师、家长的帮助。

“这个君豪，真是长不大！小学戏弄大南不够，中学还把我也捎上了！身正不怕影子斜，我要保护好我和大南的合法权益！”

欺凌事件，并不仅涉及欺凌者与被欺凌者本身，旁观者的态度也会关系到欺凌事件的发展。故事里的雨昕既是“早恋”非议的受害者，也是大南受到欺凌时的旁观者。她没有躲躲闪闪，而是坚定地表达了自己的想法。同时，在与老师的沟通中陈述客观事实，不信谣、不回避；在与大南的相处中，不避嫌、不动摇，继续与大南保持良好的学习伙伴关系。这样既为形成健康良好的校园人际关系起到了积极的导向作用，也身体力行地为反对、抵制言语欺凌发挥了有效的示范作用。

重点概念

《中华人民共和国未成年人保护法》第一百三十条规定，学生欺凌，是指发生在学生之间，一方蓄意或者恶意通过肢体、语言及网络等手段实施欺压、侮辱，造成另一方人身伤害、财产损失或者精神损害的行为。

其中，言语欺凌是欺凌者一方通过口头言语形式直接对被欺凌者实施的欺凌，包括骂人、羞辱、叫取外号、嘲讽等。

典型案例

王某系先进中学八年级12班学生，刘某系八年级11班学生，李某系八年级13班学生。2020年1月12日（星期日）16时许，刘某、李某在校门口与王某相遇，刘某喊王某“大混子”，后二人发生口角并相互辱骂。进入学校后，刘某对王某说：“咱们单挑不？”王某说好，然后刘某、王某、李某三人及一旁围观的同学一起到了学校一楼男厕所内。进入厕所后，双方互殴。王某伤后分别在当地医院、市医院住院治疗15天出院；四个月后王某再次入市医院住院治疗12天；上述三次住院治疗产生医疗费87750.65元。后王某诉至法院，要求依法判决刘某及其父母、李某及其父母、先进中学赔偿医疗费、护理费等合计近30万元。诉讼中，经王某申请，法院委托甲鉴定中心对王某的伤残等级、护理期、营养期进行了鉴定，鉴定意见为：被鉴定人王某左侧上颌骨骨折，评定为九级伤残；建议护理期60日、营养期60日。

法院经审理认为，侵权行为人若因其侵权行为导致其他人遭受人身损害的，应对导致的损害结果承担赔偿责任。本案中，王某、刘某、李某均系在校学生，事发时三人均属限制民事行为能力人，对各自行为所可能产生的后果，具有相应的判断和认知能力。刘某在学校大门口与王某相遇后，无端用言语侮辱王某，挑起事端，引起双方相互辱骂；后又主动与王某约架，并在互殴时致王某受伤，对于由此所产生的损害后果，应承担主要过错责任；李某虽未完全参与刘某与王某互殴的全过程，但在二人互殴过程中亦对王某实施了殴打，因此应当承担相应的过错责任；王某在刘某主动约架后，错误地选择应约打架，并且与刘某相互殴打，其自身也存在一定的过错，亦应承担相应的过错责任。先进中学作为教育机构，虽然有校园规章制度和纪律，亦对学生的安全及校园侵权进行了宣传教育，但在监督和管理上仍存在一定的过失，未完全尽到教育、管理、保护职责，造成王某身体受到伤害，故对王某的损失应承担一定的赔偿责任。最终，鉴于王某、刘某、李某均为限制民事行为能力人，法院判决王某因伤所产生的合理损失除由其自行负担30%外，剩余70%分别由刘某的监护人（40%）、李某的监护人（20%）和先进中学（10%）负担；其中，除王某监护人外的赔偿主体赔偿金额合计262399.45元。

释法说理

本案纠纷产生的根源在于刘某对王某起侮辱性外号的行为，之后刘某还错误地约架，最终导致了纠纷的产生。这种纠纷根据情节严重程度和侵犯权利内容的不同，有构成故意伤害罪之嫌。若尚未构成故意伤害罪，从民事责任角度而言，则通常为侵犯公民的生命权、身体权、健康权。刑法中的故意伤害罪与民法中的人身侵权存在本质上的差异：前者被害客体具体限定在人体；后者人身权是指人格权和身份权的合称，法理上又称人身非财产权。本案中的纠纷系侵犯了生命权、身体权、健康权。

本案展示了言语欺凌所生侵权行为的构成要件：第一是刘某通过语言欺辱王某并动手伤人；第二是产生了身体损害的严重后果；第三是刘某的言语欺凌与王某的身体损害有直接的因果关系。正是基于对这三方面的考量，法院认定刘某的行为构成了侵权。但是在考量过错比例的时候，法院基于各方在保障未成年人成长过程中应当承担的角色，结合案件的情况，客观评定了各方的过错程度，最终裁判言语欺凌的实施者刘某负担40%的责任，王某因自身错误的应对行为也负担了30%的责任。斗殴参与者李某负担20%的责任，学校负担10%的责任。应当说，刘某为自己的行为付出了严重的代价，还连累其监护人承担责任；王某不但经历伤痛，自身也得承担一定比例的过错；卷入斗殴的李某也自然未能幸免。可以说，这是典型的“多方受损”的行为，同学们可千万要引以为戒！

案例启发

为什么会产生欺凌呢？已有的研究表明，欺凌产生的关键诱因之一为歧视，表现在学习和交往过程中，欺凌者对被欺凌者的不屑、轻蔑，认为对方不值得尊重。而被欺凌者的沉默，则让欺凌持续甚至升级。一般而言，所有的欺凌者都会在被欺凌者的不安和痛苦中得到一种畸形的满足，或者自认为在同伴面前取得了所谓的“存在感”。这种心态在心理学上被解释为支配优势理论。换言之，从进化的角度解释，欺凌行为可能被青少年误认为是能够获得同伴群体内地位与资源的方式。

一般来说，“存在感”是人类在社会生活中的一种正常交往需求，但是通过欺凌方式所获得的存在感是以伤害他人为前提，这种方式需要坚决杜绝。当然欺凌产生的另外一个诱因是行为引导的缺失。日常缺乏敬畏意识的培养，甚至存在崇尚暴力的不良行为导向，最终导致欺凌行为的发生。

在日常生活中，面对类似刘某的言语欺凌行为，不可掉以轻心。虽然案例中刘某的行为仅引发了民事纠纷，但现实中因言语欺凌引发的涉及刑事处罚案件并不鲜见，所以学会正确地应对欺凌非常重要。案例中的王某和故事中的大南在遇到言语欺凌时正好采取了两种截然不同但均不可取的行为，王某的方式为“以暴制暴”，大南则“忍气吞声”，两者的结果相同，即王某、大南自己均受到了伤害。

那么，如何才能在面对言语欺凌的时候正确地自我保护呢？

首先，记住“黄金原则”。即用你希望别人对待你的方式对待他们。比如，我们希望能获得别人客观、公允的对待，那么我们就要树立一个自信、阳光的形象；并且在遇到不公平待遇的时候，要学会勇敢、恰当地表达自己的观点，不怯懦、不盲从。

其次，记牢“求助三步骤”。遇到欺凌时，第一步，要当场明确告诉对方不能这样对待自己，自己并不喜欢这样的相处方式；第二步，如果对方还在继续，不要因为感到尴尬甚至羞耻而不向老师寻求帮助，要及时告诉老师、家长，或者向相关的官方机构求助，请他们采取合理的方式对欺凌者进行教育、批评；第三步，对于触犯法律的违法行为，可以依法通过法律途径维护自己的合法权益。

最后，加强自我保护。日常要多与关心自己、喜欢自己的同伴相处，一方面可以增强自信心，另一方面也可以控制自己的胡思乱想。同时，要注重法律知识的积累，学会用法律武器保护自己。此外，要学会爱护自己、爱护同学，培养积极向上的兴趣爱好，帮助自己化解压力，愉悦身心。

法条链接

一、法律

1. 民事行为能力

民事行为能力是指民事主体以其行为参与民事法律关系，取得民事权利，履行民事义务和承担民事责任的资格。

《中华人民共和国民法典》第十九条　八周岁以上的未成年人为限制民事行为能力人，实施民事法律行为由其法定代理人代理或者经其法定代理人同意、追认；但是，可以独立实施纯获利益的民事法律行为或者与其年龄、智力相适应的民事法律行为。

2. 侵权责任

侵权责任是指民事主体因实施侵权行为而应承担的民事法律后果。

《中华人民共和国民法典》第一千一百六十五条　行为人因过错侵害他人民事权益造成损害的，应当承担侵权责任。

依照法律规定推定行为人有过错，其不能证明自己没有过错的，应当承担侵权责任。

第一千一百七十三条　被侵权人对同一损害的发生或者扩大有过错的，可以减轻侵权人的责任。

第一千一百七十九条　侵害他人造成人身损害的，应当赔偿医疗费、护理费、交通费、营养费、住院伙食补助费等为治疗和康复支出的合理费用，以及因误工减少的收入。造成残疾的，还应当赔偿辅助器具费和残疾赔偿金；造成死亡的，还应当赔偿丧葬费和死亡赔偿金。

第一千一百八十八条　无民事行为能力人、限制民事行为能力人造成他人损害的，由监护人承担侵权责任。监护人尽到监护职责的，可以减轻其侵权责任。

有财产的无民事行为能力人、限制民事行为能力人造成他人损害的，从本人财产中支付赔偿费用；不足部分，由监护人赔偿。

3. 校园安全保障义务

学校对每一个学生的安全保障责任，在法律上称之为校园安全保障义务。学校的安全保护义务的范围包括：告知与教育义务、组织义务、危险管理义务和保护义务。

第一千二百条　限制民事行为能力人在学校或者其他教育机构学习、生活期间受到人身损害，学校或者其他教育机构未尽到教育、管理职责的，应当承担侵权责任。

第一千二百零一条　无民事行为能力人或者限制民事行为能力人在幼儿园、学校或者其他教育机构学习、生活期间，受到幼儿园、学校或者其他教育机构以外的第三人人身损害的，由第三人承担侵权责任；幼儿园、学校或者其他教育机构未尽到管理职责的，承担相应的补充责任。幼儿园、学校或者其他教育机构承担补充责任后，可以向第三人追偿。

4. 故意伤害罪

故意伤害罪是指行为人故意非法损害他人身体健康并达到一定的严重程度，应受刑法处罚的犯罪行为。

《中华人民共和国刑法》第二百三十四条　故意伤害他人身体的，处三年以下有期徒刑、拘役或者管制。

犯前款罪，致人重伤的，处三年以上十年以下有期徒刑；致人死亡或者以特别残忍手段致人重伤造成严重残疾的，处十年以上有期徒刑、无期徒刑或者死刑。本法另有规定的，依照规定。

二、司法解释

《最高人民法院关于审理人身损害赔偿案件适用法律若干问题的解释》第一条　因生命、身体、健康遭受侵害，赔偿权利人起诉请求赔偿义务人赔偿物质损害和精神损害的，人民法院应予受理。

本条所称“赔偿权利人”，是指因侵权行为或者其他致害原因直接遭受人身损害的受害人以及死亡受害人的近亲属。

本条所称“赔偿义务人”，是指因自己或者他人的侵权行为以及其他致害原因依法应当承担民事责任的自然人、法人或者非法人组织。

第二条 赔偿权利人起诉部分共同侵权人的，人民法院应当追加其他共同侵权人作为共同被告。赔偿权利人在诉讼中放弃对部分共同侵权人的诉讼请求的，其他共同侵权人对被放弃诉讼请求的被告应当承担的赔偿份额不承担连带责任。责任范围难以确定的，推定各共同侵权人承担同等责任。

人民法院应当将放弃诉讼请求的法律后果告知赔偿权利人，并将放弃诉讼请求的情况在法律文书中叙明。

第六条 医疗费根据医疗机构出具的医药费、住院费等收款凭证，结合病历和诊断证明等相关证据确定。赔偿义务人对治疗的必要性和合理性有异议的，应当承担相应的举证责任。

医疗费的赔偿数额，按照一审法庭辩论终结前实际发生的数额确定。器官功能恢复训练所必要的康复费、适当的整容费以及其他后续治疗费，赔偿权利人可以待实际发生后另行起诉。但根据医疗证明或者鉴定结论确定必然发生的费用，可以与已经发生的医疗费一并予以赔偿。

本章思考

应对言语欺凌，除了本章提供的方法之外，你还有其他好主意吗？

第二章 往来交际须留心

“重量级”小伙伴，登场！

若无德，则虽体魄智力发达，适足助其为恶。

——蔡元培

云收夏色，叶上初秋，凉爽的风吹送来九月的开学季，同学们各自熟悉起来。得益于黄老师的帮助，雨昕提议的学习结对小组在班级里顺利推行，关于雨昕和大南的流言也慢慢平息，一切都在步入正轨……

大南的成绩除外。

“大南，月考成绩咋样？我之前跟你讲过的题派上用场了吧？”放学后，雨昕本是暖暖地笑着，却见大南挎着书包垂着头，一边嘟囔着一边向教室外走去，不由得疑惑道，“欸——大南你走什么啊，你怎么不搭理我啊……”

明明都认真听课了，但老师讲的知识点很多我还是听不懂。反反复复做过的题型，仔仔细细询问的错题，怎么到了考场上就什么都想不起来了呢？难道真的是我太笨了……我就只能考这么点分吗？拖了班级后腿，大家肯定都不愿意搭理我了……紧紧地攥着试卷，大南欲哭无泪，心里叫苦不迭，满脑子都是卷首上鲜红的“不及格”。

雨昕的声音听着是那么遥远，仿佛隔着一条笼罩着浓雾的大江。大南有心回应，却根本提不起精神。

“该不是又没考好吧……”雨昕轻轻地吐了口气，赶忙收拾文具，准备赶上去，却又想起自己今天是值日生，不由得又犹豫起来。

“安心干你的活儿吧！”后桌的阿祥直起身子打了个呵欠，幸灾乐祸地说道，“大南心情不好有启桁照顾呢，他们可是舍友！你担心啥？男女授受不亲喔！”

雨昕抬眼望去，果然，大南身后远远地缀着一个圆滚滚的身影，正不紧不慢地跟着。

没好气地瞪了阿祥一眼，雨昕冲着那个浑圆的背影喊道：“启桁！大南就拜托你啦！”

那背影并不回头，只是高高地举起右手摆了摆，表示“没问题”。

“雨昕真温柔啊。”阿祥喃喃叹道。

耳畔有人“啧”了一声。

阿祥斜眼看去，却是“小跟班”小宏。

“哥，擦擦口水。”小宏嘿嘿地笑道。

“你才流口水！”阿祥追着小宏打闹起来。

“别捣乱了，我要扫地了！”教室一角，雨昕杵着扫把无奈地喊道。

话分两头，说回大南这边。

大南自是漫无目的地在校园里逛着，两眼失了神彩，没了焦距。舍友启桁不远不近地跟着，既提防着大南磕碰，又不打扰他思考。

是的，考虑到大南腼腆的性格，爸爸妈妈决意在大南升入初中后，让他先试着当一个学期的寄宿生，锻炼一下自主学习、独立生活和与人交际的能力。

宿舍中第一个主动和大南搭话的，就是启桁。这位胖墩墩的哥们儿虽然总爱摆着奇怪的造型，用奇怪的语气说些仿佛有着什么梗的怪话，但在关键时刻总能镇定地给出问题的解决方案，是除了雨昕以外，大南在学校里最信赖的小伙伴。

“救命！呜呜呜……救救我！救……唔！唔！”

散漫的思绪渐渐回拢，耳畔原本消失的声音渐渐清晰起来……猛地打了个激灵，大南抬头，自己不知何时竟来到了校园角落——堆放着体育用品的仓库。

而那扇厚厚的铁门后面，挣扎着传出了如泣如诉的呼救声！

“啊！”大南惊恐地退后一步，跌坐在地上，而后又飞快地反应了过来，“谁！是谁！这声音……是文意同学吗？！”

铁门后的声音没有回应，只是在不停地呜咽。

“文意你为什么捂着嘴不说话啊？你是被误关在里面了吗？”大南站起身子，“砰砰”地砸了两下门，见铁门毫无动静，于是边往回赶边喊道，“不要害怕！我去找人开门！”

“怎么摔了？”这时，启桁正好也气喘吁吁地跟了过来，懊

恼地说道，“好家伙！我稍微一走神儿你这边就出状况，你是哪里来的‘碧姬公主’啊！”

“有人被锁在仓库了！我去找传达室大爷拿钥匙！”大南正准备绕过启桁，朝校门口跑去，却被启桁一把拉住。

“干吗？”大南疑惑道。

“女生？”启桁看着大南，又向几步外紧紧关着的铁门瞅了眼。

“是文意同学！”大南说。

干咳一声，启桁拍了拍大南的肩膀说道：“我去拿钥匙，你在这里陪陪人家，多说几句话，舒缓一下她的情绪。”

“好！”大南催促道，“启桁你快去吧，别让文意再等下去了！”

“知道了，知道了……”抹了抹脸，启桁马不停蹄地往传达室赶去。

待他返回时，却见着仓库的铁门已然敞开，大南呆呆地扶着门槛，手上拎着一件红白相间的女式外套。

启桁狐疑地越过大南，探头看向仓库内。

昏黄的夕阳，透过门口洒向仓库里最黑暗的角落。一位头发乱糟糟的女生，穿着近乎撕成两半的白色T恤，抱着膝盖啜泣着。

装排球的筐架倾倒在旁，她的书包被扔在附近，里面的书本和筐里的排球一起散落一地。

“你确定，这是误关？”启桁看向大南，“大南你手里的外套是怎么回事？”

“我……我在门口正安慰着文意，门突然就打开了，”大南方才缓过神来，哆嗦着嘴唇，心有余悸地说道，“一个人冲了出来，用这件外套蒙住了我的头，用力把我掼倒在地上……等我取下外套时，那人已经不见了……”

“把外套给文意披上吧，”启桁沉吟，“赶紧报警！再去办公室找下黄老师。她从来都是最后一个离开办公室的，现在赶过去应该还来得及！”

“那你呢？”大南问道。

“这回换我来守着这里。”启桁说道。

点了点头，大南走进仓库，将外套披在了文意的身上，而后飞快地跑向了教学楼。

确认了仓库里确实没有其他人，启桁看了看紧闭着的、灰扑

扑的窗帘，郁郁地走向了门外。

仓库的屋檐下有个监控探头，不过此时，它的镜头却诡异地冲着天空。警惕地张望四周，启桁谨慎地绕着仓库踱步，在仓库后头发现了两根晾衣用的竹竿。

“嫌疑人有仓库钥匙，对仓库周边的环境十分熟悉，并且对犯罪时间、侵害对象、逃跑路线都提前做好了谋划。”捏着圆滚滚的下巴，启桁回到铁门前，陷入了思考。

不多时，黄老师、雨昕和大南一起赶了过来。

“文意！文意！”还没进入仓库，黄老师就焦急地唤道。

文意依旧抱着膝盖啜泣着，直到黄老师连问了几遍，才慢慢平静下来。

黄老师绷着脸接着问道：“谁干的？！”

文意并不回答。

“我们都在这儿，不要害怕坏人的威胁，”黄老师温柔而坚定地说道，“任何邪恶，终将绳之以法！”

“黄老师，我们先出去了。”启桁说道。而后用眼神示意大南，两人一同出了仓库，走到了不远处的空地上。

“怎么了？”大南问道。

“有男生在，文意同学可能会有些抗拒回答。”启桁说道。

两人沉默了一会儿，大南忍不住问道：“到底是谁？我们学校怎么会发生这种事？”

“体育仓库的钥匙，只有传达室大爷和体育老师才有，”启桁缓缓说道，“你说嫌疑人是从仓库门里面出来的，所以传达室

大爷可以排除。”

“你是说……”大南咽了口唾沫。

“看情形，应该是某位体育老师叫上文意同学帮忙整理仓库，不然这个时间点很难解释她为什么在这里，”启桁说道，“咱学校这几位体育老师，会使唤文意的只有教我们班的……”

“在校实习的何雏昇老师！”大南握紧了拳头，“我刚刚才回想到，他对女生经常毛手毛脚的，说话时假装很亲切的样子，动不动就喜欢捏别人的手——上次我还看见他开玩笑地拍了下文娱委员夏菲菲的屁股！”

“当然，也有其他的可能，”启桁叹了口气，“总之还是等警察吧。”

往后的日子里，文意在班级中依旧言笑晏晏，而大家却再也

没有见到过何老师。

“雨昕，你知道小何老师去哪儿了吗？”阿祥问道。

“谁知道呢，”雨昕撇了撇嘴，“大概是实习提前结束了吧，要不你去问问黄老师？”

故事思考

1. 怎么合理地保护身体不被侵犯，日常要注意什么呢？

2. 对于图谋不轨的陌生人，我们要怎么巧妙安全地避开呢？

故事评析

每个人都是自己身体的掌控者，爱护身体是我们一生都要学习的重要课程。但是有时候，我们会出乎意料地遭遇一些外在的欺凌和毒害，无论男生、女生。其中针对身体隐私部位的欺凌，被称为性欺凌。这种欺凌容易发生在什么场景呢？我们结合故事一起看看。

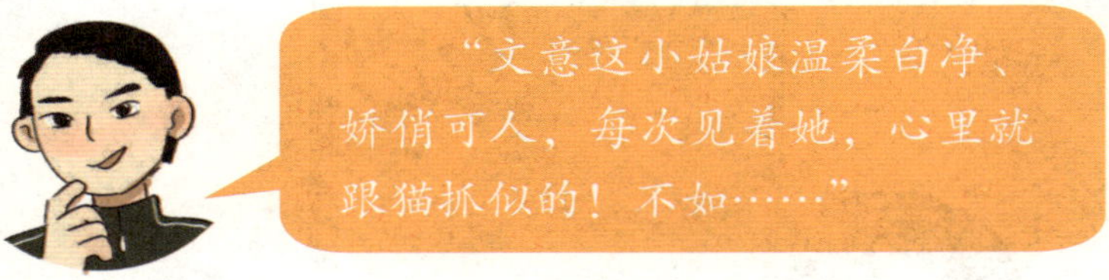

其实，性欺凌往往就发生在不经意的瞬间。一般来说，性欺凌容易在以下场景出现。第一，不法分子和受害者单独相处。故事中的文意本就是一位娇俏可爱的同学，而且正处青春期的女孩子唇红齿白，更容易吸引他人的目光。加之欺凌者的精心设计，现场已没有其他同学在，这就给图谋不轨之人以可乘之机。第二，两人力量悬殊。当不法分子试图进行侵犯的时候，往往会先对比两人的体格、身高差异。因为体格弱小，相对容易控制。这也是不法分子更多地选择青少年实施欺凌的主要原因。第三，不法分子可能是陌生人，也可能是熟人。故事中的欺凌者小何老师本是一位实习老师，对同学们而言其实是相对熟悉的，而小何老师恰是运用了身份优势，在经过一番刻意安排之后，找到了合适的机会对文意进行侵犯。所以，无论在日常生活还是校园生活，提高警惕，与异性谨慎相处，是每一位同学尤其是女生都应当谨记的信条。

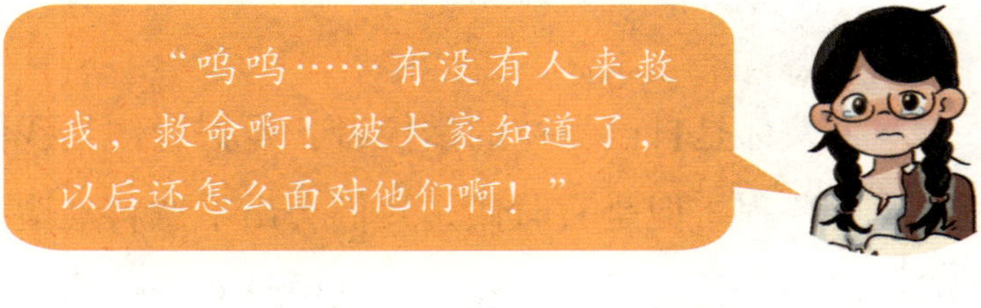

青少年在遇到体格高大的成年人时，不具备天然的身体优势，因此在受到侵犯的时候更易产生恐惧、畏惧的心理。这种心理也会影响到被欺凌者瞬时的大脑反应。可能因为害怕不敢发声、求助；也可能因为害怕无所适从，正如故事中文意的遭遇。这种心理恰恰给了欺凌者可乘之机，因为欺凌者通常是在被欺凌者的行为反应中，持续试探对方的底线。

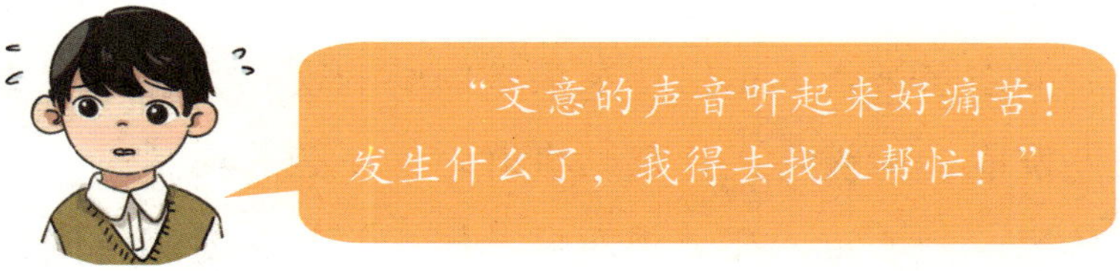

故事里的大南，虽然自己饱受学习压力的困扰，但在发现自己同学不对劲的时候，依然热心地伸出援手，与启桁商量对策，及时请黄老师处置突发情况，并且经过警察的侦查，抓住了“恶魔”。从大南等人的反应可以侧面看出，性欺凌是一类很隐蔽而且凭借个人力量难以直接对抗的欺凌方式。同学们在日常生活中需要多注意观察、严加防范。

重点概念

性欺凌，是指通过语言、肢体或其他暴力，对他人的性或性别特征、性别特质、性倾向、性别认同进行贬抑、攻击的行为，如威胁或性骚扰。性欺凌最严重的情形为性侵害，即因胁迫、强迫、被迫而参与的非自愿的性行为。

典型案例

2021年7月17日17时30分许，被告人王某伙同李某、张某某、孙某某在A市B区某菜市场一胡同内，强迫被害人郑某某下跪并扇其耳光，同日18时50分许，在被告人王某的授意下，被告人李某纠集被告人董某某、马某某赶到某市场，继续对郑某某实施殴打，并用烟头烫其胸口、强迫其只穿背心、拉开裤子拉链、光脚游街。其间多名被告人拍摄郑某某被侮辱的视频、照片并发至微信群及朋友圈，后被告人孙某某将群内的视频剪辑制作成卡点视频再次传播。经鉴定，郑某某面部挫伤、颈部深度烧烫伤，损伤程度构成轻微伤。后郑某某报案，当地检察院提起公诉，法院经裁判认为被告人王某伙同董某某、马某某、李某、孙某某、张某某聚众在公共场所当众以暴力、胁迫方法强制侮辱妇女，其六人行为均已构成强制侮辱罪。依照《中华人民共和国刑法》规定，判决：被告人王某、董某某、马某某、李某、孙某某、张某某犯强制侮辱罪，分别判处有期徒刑五年六个月、三年六个月、三年六个月、二年二个月、一年、十个月。

释法说理

本案系一起典型的经互联网发酵传播的未成年人欺凌事件，案件所涉及的欺凌者在公共场所当众以暴力、胁迫方法强制侮辱一名年仅十四岁的女孩，社会影响极其恶劣。

该事件经过网络传播发酵后，被欺凌者遭受了肉体和精神的双重伤害。对上述欺凌者，法院按照《中华人民共和国刑法》中关于刑事责任年龄及具体的情节分别进行定罪量刑。案件折射出多名被告人家庭监管、学校教育的双重缺失，人生观、价值观的扭曲。法院在审理过程中，综合考虑各被告人在共同犯罪中主观恶性、作用大小，并根据不同的量刑情节，分别判处相应的刑罚，诠释了对未成年人权益的双向保护原则，意即既保障未成年被告人权益，又依法保护未成年被害人权益。

案例启发

2021年9月1日正式施行的《未成年人学校保护规定》第十八条规定，学校应当落实法律规定建立学生欺凌防控和预防性侵害、性骚扰等专项制度，建立对学生欺凌、性侵害、性骚扰行为的零容忍处理机制和受伤害学生的关爱、帮扶机制。由此可见，性欺凌、性侵害等问题的防治迫在眉睫。从个体角度而言，我们既需要提高对这个行为的具体认知，也需要学会有效的防范方法。

1. 充分认识性欺凌及其具体表现。要充分认识性欺凌及关联观念，比如性侵害。其中，性侵害是指以强迫、诱惑或利用特殊身份方式迫使未成年人进行性接触（包括身体和非身体接触）以企图达到或达到性满足或其他目的的行为。这些方式包括故意触摸或者观看隐私部位、强迫脱衣服或攻击隐私部位等。案例中的行为之所以未被定性为强制猥亵妇女、儿童罪，主要原因之一为王某等人虽然对郑某某各种侮辱，但并未攻击郑某某的隐私部位。当然，王某等人的行为已经触犯了刑法其他罪名中的构成要件。

2. 提高危害辨别能力。根据已有的调查，有约70%的性侵害案件是发生在认识的人之间，也就是熟人作案。这些熟人通常是孩子最熟悉、最信任、最尊重、最亲近和最依赖的人，包括亲人、邻居、老师、父母的朋友等。所以，当别人以所谓的“触摸游戏”来邀请你玩耍，包括成年人向你提出如帮忙带路等他们可以自己做到的事情时，一定要果断拒绝。

3. 坚决表达个人立场。当面对可能存在的性欺凌行为时，可以通过言语（如大声说出自己的想法、坚定拒绝）、行动（如推开对方、离开现场）、呼救（引起旁观者注意）进行语言和肢体拒绝，表明自己的立场，在确保自己安全的情况下，坚决反抗。但请谨记，一定要在确保个人安全的前提下机智反抗，切莫盲目反抗而招致更大的伤害。

根据行为归因理论，人在受到欺凌后易产生自我惩罚归因，将负性事件认为是不可控的、稳定的、内部的。因此，如果不幸遭遇了性侵害，一定要坚定自我保护的决心，不要羞于启齿甚至归咎于自己，而要立即报警，并注意收集证据。具体包括：

首先，第一时间报警求助；通过及时拨打110，将有助于警察以有效的方式尽快锁定犯罪嫌疑人。

其次，在等待警察到来之前，不要洗澡，不要擅自清理案发现场；第一犯罪现场将有大量的证据等待提取、搜集，所以切莫盲目破坏。

再次，要保留衣物、避孕套等所有可能沾有嫌疑人DNA或可证明暴力的物品或痕迹，并及时告知警察；切莫清洗甚至丢弃被侵害时所穿着的衣服，要将其妥善地保存在干燥处，要相信这些物品是锁定犯罪嫌疑人的有利证据。

最后，如果施暴者是熟人，要保存好联系方式和通话聊天记录。证据包括书证、物证等多种形式，书证是记载相关沟通记录的重要材料，所以切莫删除相关的文字内容。

法条链接

一、法律

1. 强制猥亵、侮辱罪

强制猥亵罪是指行为人以暴力、威胁或其他手段违背他人意愿，强制猥亵他人从而构成的犯罪。常见的猥亵行为包括对他人的身体进行抠摸、搂抱等。猥亵既可以发生在异性之间，也可以发生于同性之间。

强制侮辱罪则主要指当事人对他人通过暴力方式公然进行侮辱行为，且造成严重的后果过程的犯罪。

《中华人民共和国刑法》第二百三十七条　以暴力、胁迫或者其他方法强制猥亵他人或者侮辱妇女的，处五年以下有期徒刑或者拘役。

聚众或者在公共场所当众犯前款罪的，或者有其他恶劣情节的，处五年以上有期徒刑。

猥亵儿童的，处五年以下有期徒刑；有下列情形之一的，处五年以上有期徒刑：

（一）猥亵儿童多人或者多次的；

（二）聚众猥亵儿童的，或者在公共场所当众猥亵儿童，情节恶劣的；

（三）造成儿童伤害或者其他严重后果的；

（四）猥亵手段恶劣或者有其他恶劣情节的。

2. 强奸罪

强奸罪，是指行为人违反我国刑法的相关规定，违背被害人的意愿，采用暴力、威胁、伤害或其他手段，强迫被害人进行性行为从而构成的犯罪。

《中华人民共和国刑法》第二百三十六条　以暴力、胁迫或者其他手段强奸妇女的，处三年以上十年以下有期徒刑。

奸淫不满十四周岁的幼女的，以强奸论，从重处罚。

强奸妇女、奸淫幼女，有下列情形之一的，处十年以上有期徒刑、无期徒刑或者死刑：

（一）强奸妇女、奸淫幼女情节恶劣的；

（二）强奸妇女、奸淫幼女多人的；

（三）在公共场所当众强奸妇女、奸淫幼女的；

（四）二人以上轮奸的；

（五）奸淫不满十周岁的幼女或者造成幼女伤害的；

（六）致使被害人重伤、死亡或者造成其他严重后果的。

二、司法解释

《最高人民法院 最高人民检察院关于办理强奸、猥亵未成年人刑事案件适用法律若干问题的解释》第二条 强奸已满十四周岁的未成年女性或者奸淫幼女，具有下列情形之一的，应当认定为刑法第二百三十六条第三款第一项规定的“强奸妇女、奸淫幼女情节恶劣”：

（一）负有特殊职责的人员多次实施强奸、奸淫的；

（二）有严重摧残、凌辱行为的；

（三）非法拘禁或者利用毒品诱骗、控制被害人的；

（四）多次利用其他未成年人诱骗、介绍、胁迫被害人的；

（五）长期实施强奸、奸淫的；

（六）奸淫精神发育迟滞的被害人致使怀孕的；

（七）对强奸、奸淫过程或者被害人身体隐私部位制作视频、照片等影像资料，以此胁迫对被害人实施强奸、奸淫，或者致使影像资料向多人传播，暴露被害人身份的；

（八）其他情节恶劣的情形。

第六条 对已满十四周岁的未成年女性负有特殊职责的人员，利用优势地位或者被害人孤立无援的境地，迫使被害人与其发生性关系的，依照刑法第二百三十六条的规定，以强奸罪定罪处罚。

第十三条 对于利用职业便利实施强奸、猥亵未成年人等犯罪的，人民法院应当依法适用从业禁止。

三、关联制度

从业禁止是禁止已决犯在刑罚执行完毕之日或者假释之日起从事相关职业。2022年11月11日，最高人民法院、最高人民检察院、教育部发布《关于落实从业禁止制度的意见》（自2022年11月15日起施行）：明确了司法机关在办理教职员工犯罪案件中适用从业禁止、禁止令规定的具体规则；规定了在教职员工犯罪案件的判决生效后，人民法院应当向其单位所在地的教育行政部门送达裁判文书；明确了人民法院刑事判决与犯罪教职员工所在单位、主管部门处理、处分和处罚的关系，为人民法院审理此类案件明确了裁判规则。

《中华人民共和国刑法》第三十七条　对于犯罪情节轻微不需要判处刑罚的，可以免予刑事处罚，但是可以根据案件的不同情况，予以训诫或者责令具结悔过、赔礼道歉、赔偿损失，或者由主管部门予以行政处罚或者行政处分。

《中华人民共和国未成年人保护法》第六十二条　密切接触未成年人的单位招聘工作人员时，应当向公安机关、人民检察院查询应聘者是否具有性侵害、虐待、拐卖、暴力伤害等违法犯罪记录；发现其具有前述行为记录的，不得录用。

密切接触未成年人的单位应当每年定期对工作人员是否具有上述违法犯罪记录进行查询。通过查询或者其他方式发现其工作人员具有上述行为的，应当及时解聘。

《关于依法惩治性侵害未成年人犯罪的意见》第二条　对于性侵害未成年人犯罪，应当依法从严惩治。

本章思考

性欺凌问题在全球范围内都广受关注，部分国家、地区这一问题尤为高发。假如你要参加国际论坛，对于这个问题的治理，你想在论坛上说点什么呢？

第三章　君子动口不动手

“黄青天”的战斗力是一亿五千万！

以力服人者，非心服也，力不赡也；以德服人者，中心悦而诚服也……

——《孟子》

“喏，大南又缠着你的雨昕了……”知道阿祥对雨昕颇有好感，小宏使坏地努努嘴，示意阿祥看向大南的座位。

可不是嘛！雨昕正执着笔，逐字逐句地为大南分析应用题呢！

“雨昕那么善良，怎么好拒绝‘后进生’的求助呢？”阿祥阴阳怪气道。

“不爽是吧？”小宏勾住了阿祥的脖子，附耳说道，“我倒是有个好主意。”

“说！”阿祥悄声催促道。

“你不是有个念高一的表哥嘛……”小宏眯着眼睛笑道，“我和大南一个宿舍，只要我……”

听着听着，阿祥的嘴角渐渐地弯起了一个危险的弧度：“很好。运筹帷幄、决胜千里，我‘祥玄德’愿拜你为‘友洪小诸葛’！”

“敢不为主公鞠躬尽瘁，排忧解难！”小宏一掀不存在的披风，单膝着地，引来周围女生好一阵诧异的白眼。

中午放学后，大南和启桁相伴回到宿舍。

“大南！”刚一推门，大南便听到了小宏歇斯底里的吼声，“看你干的好事！”

“我……我……我……我怎么啦？”大南缩着脖子颤声问道。

小宏指着地上的水笔：“你推门时不观察下门后面有没有人的吗？”

启桁越过大南，捡起地上的水笔瞧了瞧，纳闷地道：“什么

厂家啊，就掉到地上而已，笔头竟然折成了这副德行？——还是说，小宏你拿笔头冲着门站着，专等着‘完美同步’我这个‘圣殿骑士’？”

“游戏玩傻了吧你！”小宏被启桁一打岔，差点忘了剧本，顿时气结，“跟你没关系！站一边儿去！大南你过来！”

看了眼身后畏畏缩缩的大南，启桁腆了腆肚子，涎着脸笑道：“多大点事儿啊，我推的门，我推的门。”

“你推的门？”小宏斜了一眼启桁“圆润”的身材，“你哪次不是落在最后边？”

“……”启桁闻言一噎，径自蹲往墙角念念有词地画起了圈圈。

“我手头就这一支水笔还让你弄坏了，下午上课怎么办？”小宏竖起眉毛继续说道，“到学校隔壁街的‘荣哥文具’买一支赔我！现在！立刻！马上！”

“我这儿有多余的。”大南还未有所表示，角落里的启桁举手说道。

“闭嘴！”小宏气不打一处来，“我这笔5块钱一支！”

“我那支笔也5块！”启桁乐了。

这启桁老是搅和！

“看清楚了！”小宏暴怒，“我只用这个牌子！别的我用不惯！”

“狼的头伸进羊圈，绝不会谦虚地把身子留在外边，”启桁隐去笑意，面色肃然，“大南，他是在针对你！今朝若是退一

步，明日就要做奴隶！”

被看出来了？

小宏心里“咯噔”一声：莫非我“友洪小诸葛”首战就要“星落五丈原”？颜面何存？霸业何谈？

“犯错就得认，挨打要立正！”跳着脚龇着牙，小宏一把揪住启桁的衣领，“我在教大南做人的道理！”

“有你这么教人的？”启桁撸起袖子抓住了小宏纤细的手腕，“来来来！今番你我便划下道来，做过一场！”

“我去买！你们别打架！”大南快急哭了，不顾启桁的连声呼唤，转头便向校外跑去。

刚出校门，大南忽觉脚下一绊，毫无防备地向前趔趄了几步，最终还是摔倒在地。

“嘶——”大南正要查看有没有蹭破了皮，却发觉自己突然被罩在个偌大的阴影里。眯缝着眼定睛一看：一个人高马大的家伙，嘴里嚼着口香糖，揽着阿祥，居高临下地睨着他。

来者不善！大南顿感不妙。

“就是他？”阿祥身旁的这个男生发话了。

大南被堵在墙侧，耳边响起了对方将指关节压得咯咯作响的声音。

真把大南这小样儿给赚出来了啊！这个时间点，校门口根本没人，传达室里的保安都吃饭去了。不愧是“友洪智多星”……

还是“小诸葛”来着？

阿祥点点头，一边在心里给小宏点了个赞。

阿祥的表哥在友洪中学读高一，常常仗着自己的体型优势欺负同学，有时还和校外的人聚在一块儿吞云吐雾，让老师十分头疼。

“就是你小子天天缠着雨昕？嗯？”阿祥表哥一脚踩在马路牙子上，俯下身子骂骂咧咧道。

“我……我没有。”大南哪见过这个架势，吓得脑子一片空白。

“嘴还挺硬，”表哥上下打量着大南，轻蔑地笑着，“成天给我们阿祥找不痛快，胆子够大的！”

欲加之罪，何患无辞！大南只是不断地摇头，颤抖着嘴巴却说不出一句话。

“离雨昕远点，不听话的话，我让你吃不了兜着走！”阿祥的表哥恶狠狠地威胁，说话间又踹了大南一个跟头，“我可盯着你小子呢！”

自那以后，阿祥的表哥偶尔还会在学校里堵大南，进行一些肢体上的恐吓，还要挟大南守口如瓶，不然就会变本加厉地欺负他。于是，大南不敢报告老师，也刻意减少了和雨昕的接触。

雨昕敏锐地觉察到了什么，大南似乎……又在刻意疏远自己？每当想交流些什么，他总是坐立难安，眼神飘忽不定……不

对劲！太不对劲了！

这天早操过后，雨昕刚走到大南身旁，就察觉到他身体局促又僵直。

“大南？你怎么了？”雨昕试探道。

想到阿祥表哥挥舞的拳头，大南委屈又不敢吱声，下意识抬头望向窗边。雨昕顺着他的眼神一同望去，正撞上阿祥狠狠瞪了大南一眼。他的身边还立着一个人高马大的家伙。

察觉到雨昕看到了他，阿祥心虚地收回了眼神。

拉了拉表哥的衣袖，阿祥低声耳语道：“表哥，你先回吧，我……我要上课了。”说着他低头走向教室，不敢再和雨昕有眼神交流。

聪明的雨昕下课后急忙来到了黄老师的办公室，气喘吁吁地说：“‘黄青天’，有案报！”

“怎么了？是谁敢欺负咱们聪明伶俐的班长啊？”黄老师打趣。

“大南好像被阿祥和他那个高一的表哥欺负了！最近和大南交流，他总畏畏缩缩躲着我，问啥都不肯说。”

“有这事？”黄老师蹙眉正色。

“是啊，这两个人一大早还在走廊上鬼鬼祟祟，恶狠狠地瞪着大南。大南怕不是被他们要挟了，他平时就内向，现在更是‘低气压’了！”

“最近阿祥的学习也退步得厉害，看来我得问问清楚是怎么个情况了！”

放学时分，黄老师找到了阿祥和他的表哥，不知道黄老师用了什么方法，竟然让他们如实交代了自己对大南动手动脚、各种找茬的事实。

“俗话说：君子动口不动手，谈吐之间论英雄。无论如何都不能使用暴力解决问题！只有尊重他人，自己才能获得同等的尊重！”黄老师的话掷地有声。

在同学们的见证之下，阿祥和表哥连连赔礼道歉，承诺不敢再犯。

教室一角，启桁狐疑地看着从阿祥表哥出现起就趴在桌上作“胃疼”状的小宏。

大南最终还是选择了大度原谅。

南方十月的天还有些燥意，晚风掠过窗外的常青叶，他相信一切都会回归正轨。

“青春很珍贵，要学会把倾慕转化为动力，找到更优秀的自己。只有攒足承诺的底气，我们才能勇敢对深藏的感情，说一声‘顶峰相见’。”众人散去，见阿祥依旧垂着头，黄老师静静地说道。

被揭穿了心思的阿祥，尴尬又羞愧，他反复琢磨着黄老师的话，躁动的心渐渐安稳下来。

故事思考

1. 你有没有遭遇过高年级同学的恐吓或者欺负？

2. 遭遇高年级同学的恐吓，你觉得怎么处理才更合适？

故事评析

身体欺凌是一种显性的欺凌方式，即通过伤害对方的身体健康达到损害他人身心的目的。让我们看看故事中的几位同学都是怎么想的。

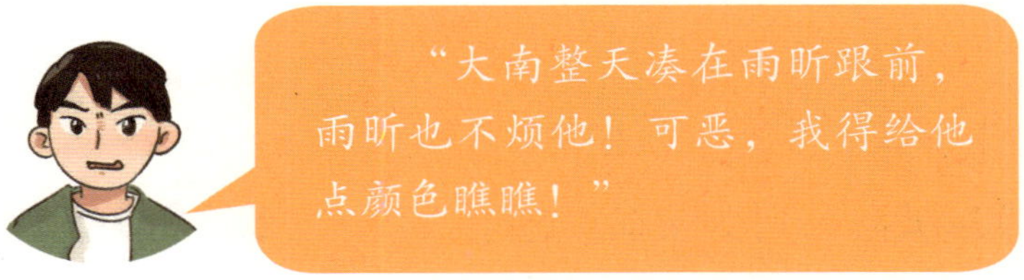

阿祥因为雨昕经常帮助大南学习，心生嫉妒，对大南充满怒气，于是把自己的表哥搬来当“救兵”，趁放学之际“点拨”大南，意图让大南跟雨昕保持距离。阿祥的行为充分印证了欺凌产生的关键因素——嫉妒。同样，因嫉妒而产生的报复、伤害念头则促成了欺凌行为的发生。故事中阿祥的表哥绊倒大南，还踹了大南一个跟头，虽然没有对大南造成显性的身体伤害，但已经严重影响大南的身心健康，这些行为已经具备了欺凌的特质，构成了身体欺凌。

进一步分析，身体欺凌的表现方式是什么呢？第一，就是直接攻击身体，但并非一定造成绝对严重的身体损害。通常来说，攻击身体会产生流血、创伤等后果。但也有诸如故事里大南的那般遭遇，没有造成明显的身体外伤。第二，身体攻击带有一定的故意性。身体欺凌的一个重要特点就是欺凌者有一定的主观故意性，并且这份主观故意性通过行为方式表现出来。

这个故事里，我们还可以发现，身体欺凌往往与精神施压紧密相连。比如，阿祥的表哥之所以对大南进行所谓的“身体警告”，其实就是通过这种外在方式给大南造成精神压力，让大南听从自己的指挥与安排。

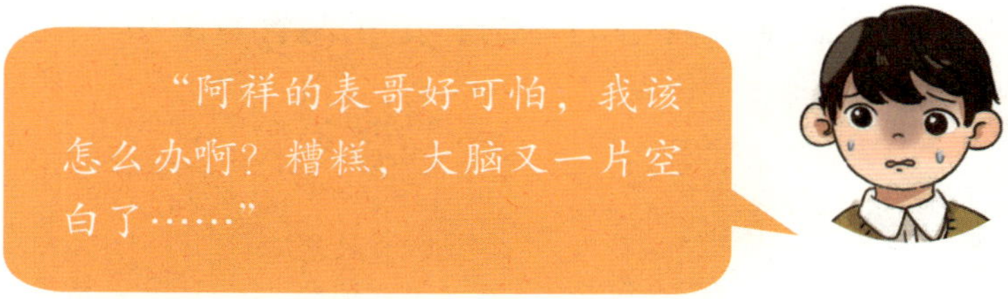

大南遇到欺凌就陷入恐惧状态，这样只会加剧欺凌行为的严重程度。通常而言，被欺凌者越是恐惧，欺凌者只会愈加变本加厉，以不断试探被欺凌者的承受底线。而一旦被欺凌者的心理防线崩溃，后果往往不堪设想。所以，像大南这样一味地退让是绝对不可取的。

古语有云，“当局者迷，旁观者清”。通常，在欺凌事件发生之初，旁观者是最能发现问题和最有益于解决问题的群体。在心理学上，将个体在自己的社会关系网络中所获得的来自他人的物质和情绪上的帮助和支援，称为“社会支持系统”。例如，故事中的雨昕就是大南社会支持系统中的一员。雨昕通过与大南的日常相处，感受到大南行为的异常。综合大南日常行为的变化及校园里发生的环境变化，她及时地化解了阿祥和其表哥进一步对大南实施欺凌的意图和行为。所以，做生活的有心人，关爱身边的同学，巧妙地找寻问题的解决方法，是旁观者共同抵制欺凌最有益的方法。

诚然，欺凌者的心态具有复杂性。但是，通过正确的心理疏导和行为引导，也能够最大限度地杜绝欺凌行为。因此，同学们在遇到身边的欺凌事件时，切莫冷眼旁观，事不关己高高挂起，应尽可能如雨昕般机智聪慧，从小处着眼，化矛盾于无形。

重点概念

身体欺凌是指运用身体力量、通过身体动作来实施的欺凌行为，具体方式包括打、踢、抓、推搡、咬等。

典型案例

巩某与冯某是A中心学校的学生，事发时巩某是七年级学生，冯某是八年级学生，二人均是住校生。一天，本校学生孙某和王某产生矛盾，在学校操场打架，被部分同学劝架拉开，各自散场走人。在此过程中，孙某又和张某发生争执，张某朝着孙某头上挥了一拳，后各自回到自己宿舍。回宿舍后，孙某约冯某一块来到三楼张某宿舍，再次和张某发生争执并推搡起来。此时巩某过来劝架，因拉架方式欠妥被冯某认为是拉偏架，便一拳打在巩某鼻子部位，导致巩某受伤。当晚巩某被老师和同学送到医院治疗，共住院治疗11天，后来又经过当地人民医院门诊、省立医院门诊检查治疗，造成一定医疗费、交通费支出；2020年9月9日，巩某被鉴定为轻伤二级；2020年9月18日，冯某被当地公安局给予行政拘留6日处罚（不送拘留所执行）。巩某的伤情后经鉴定，不构成伤残，建议护理期30日，营养期30日。巩某、冯某因赔偿问题未达成协议，经学校、派出所调解不成，诉至法院，巩某要求冯某赔偿医疗费6500.18元、伙补费390元、护理费7590元、营养费900元、鉴定费1200元、交通费1000元，共计17580.18元。

法院经审理认为，冯某将巩某打伤构成侵权，应当承担赔偿责任。被侵权人对损害的发生也有过错的，可以减轻侵权人的责任。巩某在拉架过程中存在行为方式不妥之处，对于殴斗的发生存在一定过错，可适当减轻冯某的责任。鉴于冯某属于未成年人，其侵权责任后果应当由其监护人承担。最终，法院判决冯某的监护人于该判决生效后十日内赔偿巩某的经济损失13396元。

释法说理

本案是一起典型的因同学矛盾引发的身体冲突。所谓生命权、健康权、身体权纠纷是指因侵害公民生命安全、身体完整性、人体机能完善性而产生的纠纷。本案中，冯某的行为严重侵害了巩某的身体健康，直接导致巩某住院治疗十余天。万幸的是，本次的斗殴事件没有造成巩某伤残，否则将产生更加巨大的赔偿责任。

需要说明的是，因为巩某的受伤程度已经达到了轻伤，从刑法的角度而言，轻伤已经足以达到提起刑事诉讼的标准。但考虑到本案中冯某是未成年人，因此公安局仅对其进行行政处罚，并未送拘留所执行。这既出于国家最大程度保护未成年人的善意，给他一个改过自新的机会，也有助于未成年人健康成长。即便如此，免执行不等于免罚，对于冯某而言，其仍然需要为自己的行为过错付出代价。

案例启发

近九成的校园案件中受害者存在不同程度的伤亡情况。根据调研数据，在校园案件中：12%的案件中受害者死亡；32%的案件中受害者涉及重伤；39%的案件中受害者涉及轻伤；

28%的案件中受害者涉及轻微伤[①]。此外，在校园欺凌案件中，81%抢劫罪的被告人为未成年人，其中以16至18周岁为主，呈年轻化趋势。

身体欺凌具备下列几项共性要素：一是双方力量不对等。比如说欺凌者在身体力量方面具有绝对的优势，使被欺凌者无法甚至放弃有效地保护自己。二是所施行的行为建立在伤害的基础上。比如冯某将巩某打成轻伤二级，住院时间长达11天，其间所承受的煎熬会对巩某的身心健康造成巨大的影响和伤害。那么，如何有效防范和应对身体欺凌呢?

1. 保护自己的身体。在受到身体上的欺负时，最重要的是保护自己的身体。如果是被推挤或拉扯，可以采取挣扎等方式加以反抗；如果是被打击或扇耳光等，可以用手臂或手掌挡住攻击，并尽量躲避攻击。如果实在无法自卫，可以寻求周围人的帮助或报警。其中，还手未必是应对这类欺凌最有益的方式，因为在双方力量悬殊的情况下，直接还手可能会让自己陷入和对方胶着的状态，有可能使欺凌行为变本加厉。因此，一定要沉着冷静，尽可能地拖延时间，思考合适的应对方法。

2. 珍视生命的能量。身体上的欺负往往会让人感到自卑、无助。因此，增强自信心是处理身体上的欺负的重要策略。可以通过锻炼身体、提高自身技能、学习自卫术等方式，增强自己的身体素质。同时，也要通过积极的心态调整和自我建设，在提高自

① 由于一起案件有多名受害者且各受害者伤亡情况不一，故占比汇总结果不为100%。

我价值感的同时也树立了自信心。

3. 合理寻求帮助和支持。身体上的欺负往往需要寻求他人的帮助和支持。可以向家长、老师、朋友、心理咨询师等人求助，寻求他们的支持和建议。在寻求帮助和支持时，要注意选择可靠的人，避免被进一步伤害或受到误导。参与调解的一方须理性劝架，分清是非、灵活化解，不可盲目。例如案例中的巩某首先要权衡自己的个人能力，在有充分的力量优势和威望的前提下再介入；如若不能，可以与其他同学合作，分别将打架的两人暂时拉开，同时尽快向老师报告相关情况，避免仓促介入产生误会并造成新的伤害。

4. 建立良好的人际关系。完善自我的社会支持系统。身体上的欺负往往与人际关系有关。因此，建立良好的人际关系是预防和处理身体欺凌的有效策略。可以通过积极社交、学习交流技巧、培养同理心等方式，建立良好的人际关系，预防和化解潜在矛盾。

案例中的始作俑者孙某连续与王某、张某发生矛盾，回到宿舍后意难平，又拉上冯某找张某算账，最后导致悲剧的发生。可见处理好自己的情绪是很重要的。这里推荐大家几个处理情绪的好方法，不妨试一试。

1. 转移注意力。当感到嫉妒、难受的时候，不妨通过自己最擅长的乐器、书画、体育等才艺将自己的情感抒发，进而在抒发情感的过程当中逐步形成理性的思考，从而在兴趣爱好中找到更好的自己。比如文字写作，把自己的心事写下来，并且假设有两个朋友在辩论，写下正方的观点和反方的观点，然后互相辩论，相信一场辩论过后，你就会有正确的答案了。

2. 找人倾诉。找自己最信任的老师、较理智的同学诉说自己的心事。阿祥试图找表哥表达自己的困惑，这个想法是正确的，但是他应该去找比自己更理性、机智的人排忧解惑，而不是找擅长诉诸暴力的表哥解决问题。

法条链接

1. 伤残等级

伤残等级是指一个人的伤残程度，人体损伤致残根据程度可以划分为10个等级，其中一级最重。在司法实践中，每一级伤残会对应着一定的赔偿系数。十级伤残的赔偿系数是10%，每增加一级指数增加10%，一级伤残的赔偿指数是100%。

《最高人民法院关于审理人身损害赔偿案件适用法律若干问题的解释》第十二条　残疾赔偿金根据受害人丧失劳动能力程度或者伤残等级，按照受诉法院所在地上一年度城镇居民人均可支配收入标准，自定残之日起按二十年计算。但六十周岁以上的，年龄每增加一岁减少一年；七十五周岁以上的，按五年计算。

受害人因伤致残但实际收入没有减少，或者伤残等级较轻但造成职业妨害严重影响其劳动就业的，可以对残疾赔偿金作相应调整。

第十三条　残疾辅助器具费按照普通适用器具的合理费用标

准计算。伤情有特殊需要的，可以参照辅助器具配制机构的意见确定相应的合理费用标准。

辅助器具的更换周期和赔偿期限参照配制机构的意见确定。

2. 各项赔偿费用

《最高人民法院关于审理人身损害赔偿案件适用法律若干问题的解释》第八条　护理费根据护理人员的收入状况和护理人数、护理期限确定。

护理人员有收入的，参照误工费的规定计算；护理人员没有收入或者雇佣护工的，参照当地护工从事同等级别护理的劳务报酬标准计算。护理人员原则上为一人，但医疗机构或者鉴定机构有明确意见的，可以参照确定护理人员人数。

护理期限应计算至受害人恢复生活自理能力时止。受害人因残疾不能恢复生活自理能力的，可以根据其年龄、健康状况等因素确定合理的护理期限，但最长不超过二十年。

受害人定残后的护理，应当根据其护理依赖程度并结合配制残疾辅助器具的情况确定护理级别。

第九条　交通费根据受害人及其必要的陪护人员因就医或者转院治疗实际发生的费用计算。交通费应当以正式票据为凭；有关凭据应当与就医地点、时间、人数、次数相符合。

第十条　住院伙食补助费可以参照当地国家机关一般工作人员的出差伙食补助标准予以确定。

受害人确有必要到外地治疗，因客观原因不能住院，受害人本人及其陪护人员实际发生的住宿费和伙食费，其合理部分应予赔偿。

第十一条　营养费根据受害人伤残情况参照医疗机构的意见确定。

本章思考

日常生活中你有什么自我保护或者提升自信心的好方法吗？可以和同学们一起讨论分享一下吗？

第四章　明抢暗索违法纪

这打野怎么搁线下抢经济啊？

风能进，雨能进，国王不能进。

——佚名

“快上线……快上线！240区集合！”小宏手机里传来阿祥振奋的声音，引得大南好一阵侧目。

今天是周末，寄宿生们都从黄老师那边领回了各自的手机，两位舍友外出打球，一位回家，现在宿舍里只剩下大南、启桁和小宏。

平时启桁每逢周末也是要回家的啊……今天怎么也在？

大南看向趴在书桌上戴着耳机看动漫的启桁，疑惑地想着，但注意力很快又被小宏吸引了过去。

“我要练打野，你们选别的位置啊，今天我友洪‘野王’要秀翻全场！”小宏慷慨激昂地嚷嚷道。

……

“中路！中路集合打团！”小宏声嘶力竭。

“哎呀，怎么还不来，害我断节奏！这波节奏一断，前期发

育再好都没用！”小宏气急败坏。

“小宏，你这也太坑了，对面打野都12级了，你才10级，资源也都被敌方侵占了，你获得的金币也不够。”终于，手机里也传来了回应。

好吵！

大南垮着脸放下手中的《围城》，郁闷地看着小宏。

小宏在游戏中正值大劣势，跷着二郎腿、抖着脚丫子，一肚子闷气无处宣泄，对于视线敏感得很：“看什么看？”

于是大南将求助的视线投向了启桁。

启桁眯着一只眼、挠着下巴，并没有像往常一样仗义执言，而小宏那边又嚷嚷开了——

“少啰嗦！谁让你们平时老坑我，今天我试试新英雄打野怎

么了？还不是因为敌方选手人人都有皮肤，但凡我要是有个最新的皮肤加持，看对面还敢不敢这么嚣张！”

“净说大话，你看看这个新英雄最新的皮肤多少钱！”手机里传来了对方不屑的声音。

“我去！”

小宏进入游戏商城一看，两颗眼珠顿时瞪得像铜铃：最新的皮肤竟要500元！这可是自己半个月的饭钱啊……

蓦地，小宏抬眼看向大南，唬得大南心头一跳：“干……干吗……”

“没事。”小宏顺势往床上一躺。

启桁还在呢，这小子虽然脑子“不太正常”，可着实是不好对付……

“呵啊——”耳听得启桁突然打了个呵欠，大声说道，“好闷！我下楼买饮料，有人要帮忙带的吗？”

“不用……”大南看看启桁，又看了看小宏，小声说道。

“快去吧！快去吧！”小宏说道。

“今天我是孤独的观测者。真由理！我一定会拯救你！”站在宿舍门口，启桁遮住自己一只眼睛，“一切，都是命运石之门的选择！”

听着关门声和逐渐远去的狂笑声，小宏撇了撇嘴：“神经病！”

“启桁那是沉浸在‘角色扮演’里啦……”大南小心翼翼地替启桁解释道。

“神经病！”小宏斩钉截铁地重复道。

大南不说话了。

空气沉闷了一会儿，小宏突然展颜笑道：“好吧，谁都可以有爱好，就像我喜欢玩游戏一样。”

“嗯嗯！”大南长舒了一口气。

“可是我没钱买皮肤了，”小宏话锋一转，“你——”

“砰！”

大南和小宏看向门口，是启桁回来了。

“你不是买饮料去了吗？”看着启桁空空如也的手，小宏皱眉道。

“手机没带。”启桁一脸郁闷地走回床位，刷起了微博。

“怎么又不去了呢？”暗暗咬着牙，小宏说道。

“透了透气，感觉好多了，”启桁优哉游哉地说道，“喝饮料对身体不好嘛，少喝一次是一次。”

可恶！撞了什么邪，又搁这儿搅和！

小宏心里直犯嘀咕，隔着床板恶狠狠地瞪了一眼启桁，再将目光转向大南，示意他看手机。

大南老大不情愿地打开微信，只见小宏说道：“借我500块，下周还你。”

“500块太多了，我省吃俭用的话，最多挤出200块。”大南苦着脸打字。

“你心里有没有我这个室友啊？200块的话，就直接给我得了，我现在真的是在游戏中遇到困难了。今后咱们就是相亲相爱好室友了。”

“老师说了，不能在游戏里花钱。你别玩了，太浪费时间了。”

“你少啰嗦，赶快转200块给我！你上回去找黄老师‘告状’，阿祥和他表哥可都憋着再找时间修理你一顿呢！我和阿祥关系好，要不是我帮你求情，你现在还能好端端地坐在这儿？”

“……好……好吧。”

“记得把我们的聊天记录删掉！”

晚饭时，启桁看着大南餐盘里的清汤寡水，冷笑一声，双肘架住桌面，双手插在一处遮住口鼻，摆出一个“碇司令”的招牌

动作：“大南，小宏是找你‘借钱’了吗？”

“没有……”大南支支吾吾道。

“哼……”启桁的半框眼镜在食堂的日光灯下反射着白光，“‘时钟的针不会转回到原来的地方，不过事情是可以靠自己的力量去进行的’。醒来吧，少年！反击的时刻到了，快亮出你和小宏的聊天记录！”

“什……什么聊天记录……”大南迟疑着，而后垂头说道，“好吧，小宏叫我删了。”

“小意思，‘恢复’一下就好，”启桁接过大南的手机，指尖如飞，而后笑道，“哦豁，竟然不是借，而是明抢！走，找班主任去！”

时间来到了周一课间，在黄老师的办公室里，小宏垂着脑袋，和大南、启桁一起在黄老师跟前站成一排。

黄老师看向启桁：“启桁，路见不平，你做得很好！”

启桁清了清嗓子，不好意思地撇开视线：“惭愧，惭愧，我做的事情微不足道。”

黄老师无奈地摇摇头，又看向了小宏，沉默不语。

压抑的氛围下，小宏的心脏怦怦地跳着，既希望黄老师开口说话，又盼望着她不要开口。

“小宏……”终于，黄老师开口道，“你认识到自己的错误了吗？”

“老师，我下次不敢了！”小宏急忙说道。

“你这等同于勒索！是违法行为！”黄老师轻轻地说道，

“小宏，我很难过。我觉得自己不是一个好老师，平时的教诲没有一句话能触动到你。”

“我错了，黄老师！”小宏咽着唾沫小心翼翼地措辞道，“您……您可千万别这么说，您当然是个好老师！我会尽快还钱！会……会向大南道歉……”

“我没感受到你的真诚，”黄老师摇着头，同时拿起了手机，“这样吧，我打电话向你的父母了解一下情况——”

“呜……”慌张、懊悔、害怕、惭愧骤然间涌上心头，小宏的一颗心压沉到了谷底，哭道，“老师，对不起！大南，对不起！我没想到这些事……我平时都是在背后给人家出些坏主意，就算发生了什么也追究不到我身上，所以我从来没意识到自己有这么坏……我老觉得大南好欺负，是个受气包，于是……我太自私了，我从来没有考虑到别人，犯了错误后也从来不懂得反思……老师，别打电话好吗？我……我到底该怎么办啊……”

一旁的大南和启桁万万没想到小宏会哭得这么惨，于是悄悄地对视了一眼，而后启桁尴尬地摸了摸鼻子，大南则吐了吐舌头。

“小宏，”黄老师坐

直了身子，替小宏擦去眼泪，说道，“这次大南原谅了你，那么老师也给你一次机会，不会把这件事告诉你父母。但你要引以为戒，在场的大家往后都要互相监督。小宏，你很聪明，往后可以为班级建设多出主意，把智慧用在正道上，老师和大家都会期待你的表现！咱们一言为定？”

擦干眼泪，小宏露出了坚定的表情：“好！”

故事思考

1. 你曾被同学或者高年级学长强迫出资买东西吗？

2. 遇到同学强迫自己做不愿意的事情，怎么拒绝既合理又安全呢？

故事评析

小宏对着大南明目张胆地“索取”财物情节，是不是看起来很眼熟？其实，这种财物抢夺的行为也是学生欺凌的一种表现形式，我们通常把它称之为财产欺凌。这种欺凌主要表现为身体强壮的同学通过行为控制的方式抢夺其他同学的财物，让被欺凌者产生心灵及身体上的痛苦。下面我们一起来回顾一下小宏、大南还有启桁的心路历程。

“大南整天扭扭捏捏，走路都不抬头，这颗‘软柿子’我不捏白不捏。很快，咱的游戏皮肤就有着落咯，嘿嘿嘿！”

小宏仗着自己和阿祥交好，以及大南日常惧怕阿祥的心理优势，在自己没钱购买游戏皮肤的时候，想从大南那索取财物。那么，怎么判断该行为是财产欺凌呢？

第一，目的在于贬损、打击对方的人格尊严。小宏给大南发消息借钱的根本目的是想让大南乖乖臣服于自己，任由其索取财物。另外，小宏通过软硬兼施，妄图实现对大南的支配，还有助于进一步树立自己的"威望"。当然，这里的"威望"可算是"狐假虎威"。换言之，这种做法不可效法，必须杜绝。

第二，行为表现为直接恐吓或是占有、损害对方包括图书、衣裳等个人财物，甚至伴有伤害身体的动作。故事中的小宏没有直接对大南动手，而是通过恐吓的方式强迫大南借钱，同时把阿祥及其表哥搬出来为自己加码，向大南施压，最终逼迫大南就范，从中获得200块钱。实际上，财产欺凌还有多种表现方式，包括直接抢夺、损害他人财物，一旦遭到拒绝，还可能伴有伤害身体的行为。

第三，一般先以借钱等正当名义为幌子。财产欺凌并不会直接毫无征兆地进行，欺凌者通常会以特定的理由作为借口，实施财产欺凌的计划。如小宏告诉大南想要借钱，并且会在一定的时间内归还。当大南表示没有那么多财物的时候，小宏则开始改口让大南直接给他200元，此时行为的性质就从正常的沟通变为强迫式的夺取。

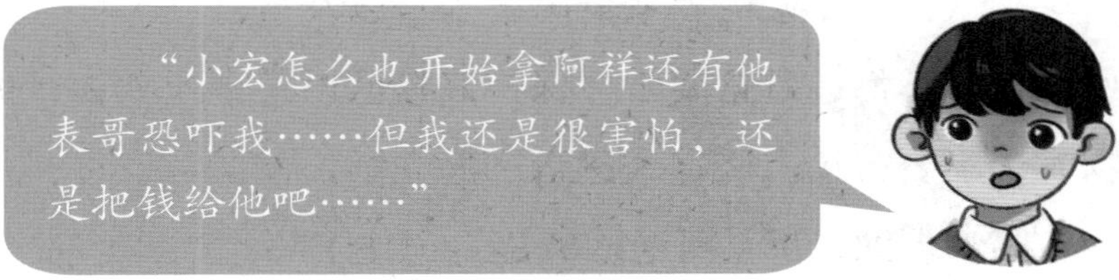

任何一种欺凌形式，都可能会产生持久性的损害。财产欺凌亦是如此，容易产生“恃强凌弱”的危害，并易形成恶性循环。大南不敢吱声反抗，久而久之小宏、阿祥等人则容易变本加厉，有恃无恐。一旦大南持续妥协，他们则会无节制地试探大南的心理承受底线。这种持续性的“凌弱”行为，容易让大南陷入被欺负的悲伤情绪中，最终影响大南的身心健康。

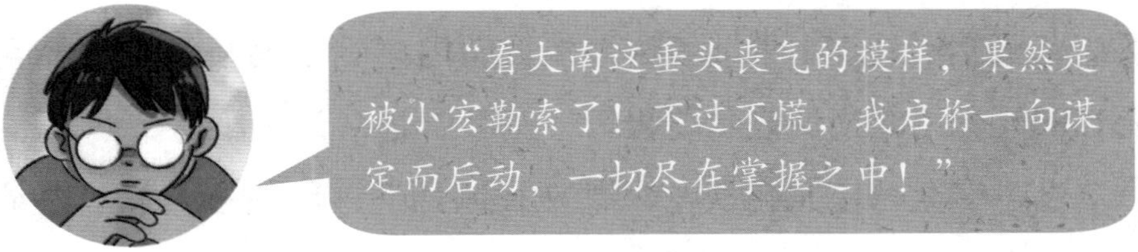

旁观者的言行举止往往会影响事件的发展走向。旁观者及时地制止、调停会阻止一场悲剧的发生；而旁观者的漠视甚至煽风点火将加速悲剧的产生。在故事中，启桁细心地观察到大南的异常，予以真诚的关心问询。在了解到小宏的所作所为之后，还及时地告诉了老师。老师迅速地纠正了小宏的错误行为，避免事件愈演愈烈。在启桁的援助过程中，大南和小宏的微信聊天记录发挥了重要作用，文字信息充分记录了两人的沟通过程，让小宏也没有更多辩驳的空间。这也提示我们，留存证据非常重要。另外，老师的有效作为在帮助大南挽回财产损失的同时，也让大南深刻认识到小宏的财物欺凌行为，以及自己一再忍让的弊端。所以，同学们，日常要学会保护好自己以及个人财物；被索要财物时，不要害怕，坚定表达自己的立场，保留好证据，及时向老师、同学求助，都是可行的方法，记住了吗？

重点概念

财产欺凌是指损毁被欺凌者的物品或财物的行为。其中财物既可以是人民币等有形资产，也可以是如游戏装备等互联网虚拟财产。

典型案例

17岁的未成年学生王某、张某和同学冯某因琐事发生过矛盾。几天后，王某、张某等4人在校园内碰到了冯某，向冯某索要1500元，冯某当即表示要报警，王某、张某只能作罢。

没过多久，王某再次与冯某在校园相遇，纠集多人强迫冯某鞠躬道歉，并将其殴打至昏迷并造成枕顶部头皮挫伤、双下肢擦伤等损伤，还强行拿走了冯某一部价值2000多元的手机和50元现金。经法医鉴定，冯某的损伤程度属轻伤。之后，人民检察院对王某、张某等4人提起公诉。

法院在审理中认为：本起案件是几人结伙作案，在校园内对被害的学生心理和身体均造成了一定的伤害；如果一味从宽，仅仅是因为被告人是未成年人，而全部适用缓刑，实际上无法真正实现刑法的惩罚性，更不利于其发挥教育功能。

最终法院对实施了两次寻衅滋事行为、并纠集他人的王某判处有期徒刑6个月，对其他3人判处有期徒刑6个月、缓刑1年的处罚。

释法说理

这是一起复合行为的案件。王某几人虽然是未成年人，但对冯某屡次拦截、强拿硬要，甚至殴打冯某造成轻伤，几人的行为竞合了故意伤害、抢劫等罪名的部分构成要件。法院在综合行为复合的基础上，以寻衅滋事定罪，一方面考虑到重罪吸收轻罪原则，寻衅滋事罪量刑就是五年以下有期徒刑，因为王某是未满18岁的未成年人，所以最终判处刑罚较轻；另一方面也是考虑若仅仅以缓刑处理，难以真正达到教育惩戒的功能。最终依据“宽严相济”的理念作出上述裁判。

案例启发

财产欺凌和言语欺凌一样，是生活中十分常见的欺凌方式。这种欺凌往往可能触发刑法中的寻衅滋事罪、抢夺罪、抢劫罪等，后果严重。这种欺凌的产生往往与欺凌者、被欺凌者之间身体力量悬殊直接相关。同时，也与被欺凌者对潜在风险的把控、防范能力密切相关。所以，同学们要牢记以下防范财物欺凌的三原则：

第一，成群结队行走。放学回家路上，尽量和同伴一起走。所谓“人多力量大”，一般来说财产欺凌的实施者并不会单独行动，而是会召集一定人员共同参与，以此相较于被欺凌者形成力量优势。同理，被欺凌者也要学会自我保护，与同伴一起避免不必要的伤害。案例中的冯某两次遇到王某时都仅是个人单独行动，所以在第一次以报警为由避免伤害之后，第二次就很难再以相同的方式摆脱。

第二，避开危险地带。欺凌事件往往发生在隐蔽处。虽然中学生已经具有了一定的自我保护能力，但是仍然要重视自我保护，尽可能避开林间小路这类摄像盲区地带，在源头上避免危害的产生。这里给大家一个小贴士，同学们外出的时候可以观察一下周边的摄像头布局情况，一般而言，公共摄像头能够覆盖到的区域是相对安全的。

第三，提高自我防护意识。冯某虽然并不畏惧王某、张某，但是在遭遇第一次危险之后，没有进一步提高警惕，使得风险依然存在并很快再次降临。从冯某的遭遇里，我们需要谨记的是：首先，保持乐观心态。相信自己，适时进行自我肯定练习，为自己打造一份自信、阳光的印象，让欺凌者不敢来、不乱来！其次，强化自我保护。日常可以加强体育锻炼，增强身体素质，塑造健康的体魄，应对各种未知的风险和挑战。最后，有效消除隐患。在发现他人有蓄意欺凌自己的苗头时，要充分警觉。可以告知同伴，请他们帮忙留意；也可以及时向老师报告，请求关注；必要时还可以请家长陪同接送，筑牢合理有效的保护屏障，避免受伤害。

法条链接

一、法律

1. 刑事责任年龄

在我国的刑事法律体系中，有着和民事法律体系一样的责任能力划分，同样会针对犯罪嫌疑人的年龄进行刑事责任的区别划分。

《中华人民共和国刑法》第十七条　已满十六周岁的人犯罪，应当负刑事责任。

已满十四周岁不满十六周岁的人，犯故意杀人、故意伤害致人重伤或者死亡、强奸、抢劫、贩卖毒品、放火、爆炸、投放危险物质罪的，应当负刑事责任。

已满十二周岁不满十四周岁的人，犯故意杀人、故意伤害罪，致人死亡或者以特别残忍手段致人重伤造成严重残疾，情节恶劣，经最高人民检察院核准追诉的，应当负刑事责任。

对依照前三款规定追究刑事责任的不满十八周岁的人，应当从轻或者减轻处罚。

因不满十六周岁不予刑事处罚的，责令其父母或者其他监护人加以管教；在必要的时候，依法进行专门矫治教育。

2. 抢劫罪

抢劫，顾名思义抢夺不属于自己的财产。抢劫罪是专门针对抢劫这一行为进行定罪量刑的罪名描述。抢劫罪是指以非法占有为目的，对财物的所有人、保管人使用暴力、胁迫或其他方法，强行将公私财物抢走，从而构成的犯罪。

那么，什么叫暴力呢？抢劫罪的暴力，是指对被害人的身体施以打击或强制，借以排除被害人的反抗，从而劫取他人财物的行为。这里的其他方法，是指行为人实施暴力、胁迫方法以外的其他使被害人不知反抗或不能反抗的方法。

《中华人民共和国刑法》第二百六十三条　以暴力、胁迫或者其他方法抢劫公私财物的，处三年以上十年以下有期徒刑，并处罚金；有下列情形之一的，处十年以上有期徒刑、无期徒刑或者死刑，并处罚金或者没收财产：

（一）入户抢劫的；

（二）在公共交通工具上抢劫的；

（三）抢劫银行或者其他金融机构的；

（四）多次抢劫或者抢劫数额巨大的；

（五）抢劫致人重伤、死亡的；

（六）冒充军警人员抢劫的；

（七）持枪抢劫的；

（八）抢劫军用物资或者抢险、救灾、救济物资的。

3. 寻衅滋事罪

寻衅滋事罪的危害程度比抢劫罪略轻，是指肆意挑衅，随意殴打、骚扰他人或任意损毁、占用公私财物，或者在公共场所起哄闹事，严重破坏社会秩序的行为。

《中华人民共和国刑法》第二百九十三条　有下列寻衅滋事行为之一，破坏社会秩序的，处五年以下有期徒刑、拘役或者管制：

（一）随意殴打他人，情节恶劣的；

（二）追逐、拦截、辱骂、恐吓他人，情节恶劣的；

（三）强拿硬要或者任意损毁、占用公私财物，情节严重的；

（四）在公共场所起哄闹事，造成公共场所秩序严重混乱的。

纠集他人多次实施前款行为，严重破坏社会秩序的，处五年以上十年以下有期徒刑，可以并处罚金。

4. 抢夺罪

抢夺罪只侵犯公私财物的所有权，本罪侵犯的客体是公私财物的所有权。在此点上本罪与抢劫罪不同；本罪不危害人身安全，属单一客体。本罪的犯罪对象是一般的财物，如金钱、物品等，不包括枪支、弹药、公文、证件、印章等特殊物品，否则不构成本罪。

《中华人民共和国刑法》第二百六十七条　抢夺公私财物，数额较大的，或者多次抢夺的，处三年以下有期徒刑、拘役或者管制，并处或者单处罚金；数额巨大或者有其他严重情节的，处三年以上十年以下有期徒刑，并处罚金；数额特别巨大或者有其他特别严重情节的，处十年以上有期徒刑或者无期徒刑，并处罚金或者没收财产。

携带凶器抢夺的，依照本法第二百六十三条的规定定罪处罚。

5. 缓刑

缓刑指对被判处一定刑罚的罪犯，在一定期限内附条件地不执行所判刑罚的制度，是对刑罚的暂缓执行，其执行形式为对触犯刑律，经法定程序确认已构成犯罪、应受刑罚处罚的行为人，先行宣告定罪，暂不执行所判处的刑罚。缓刑不是一种刑罚，而是一种刑罚的执行方式。

《中华人民共和国刑法》第七十二条　对于被判处拘役、三年以下有期徒刑的犯罪分子，同时符合下列条件的，可以宣告缓刑，对其中不满十八周岁的人、怀孕的妇女和已满七十五周岁的人，应当宣告缓刑：

（一）犯罪情节较轻；

（二）有悔罪表现；

（三）没有再犯罪的危险；

（四）宣告缓刑对所居住社区没有重大不良影响。

宣告缓刑，可以根据犯罪情况，同时禁止犯罪分子在缓刑考验期限内从事特定活动，进入特定区域、场所，接触特定的人。

被宣告缓刑的犯罪分子，如果被判处附加刑，附加刑仍须执行。

第七十五条　被宣告缓刑的犯罪分子，应当遵守下列规定：

（一）遵守法律、行政法规，服从监督；

（二）按照考察机关的规定报告自己的活动情况；

（三）遵守考察机关关于会客的规定；

（四）离开所居住的市、县或者迁居，应当报经考察机关批准。

第七十六条　对宣告缓刑的犯罪分子，在缓刑考验期限内，依法实行社区矫正，如果没有本法第七十七条规定的情形，缓刑考验期满，原判的刑罚就不再执行，并公开予以宣告。

第七十七条　被宣告缓刑的犯罪分子，在缓刑考验期限内犯新罪或者发现判决宣告以前还有其他罪没有判决的，应当撤销缓刑，对新犯的罪或者新发现的罪作出判决，把前罪和后罪所判处的刑罚，依照本法第六十九条的规定，决定执行的刑罚。

被宣告缓刑的犯罪分子，在缓刑考验期限内，违反法律、行政法规或者国务院有关部门关于缓刑的监督管理规定，或者违反人民法院判决中的禁止令，情节严重的，应当撤销缓刑，执行原判刑罚。

6. 书证

书证是指以其内容来证明待证事实的有关情况的文字材料。凡是以文字来记载人的思想和行为以及采用各种符号、图案来表达人的思想，其内容对待证事实具有证明作用的物品都是书证。书证从形式上来讲取决于它所采用的书面形式，从内容上而言取决于它所记载或表达的思想内涵与案情具有的关联性，因此能够作为认定案件事实的根据。

《中华人民共和国刑事诉讼法》第五十条　可以用于证明案件事实的材料，都是证据。证据包括：

（一）物证；

（二）书证；

（三）证人证言；

（四）被害人陈述；

（五）犯罪嫌疑人、被告人供述和辩解；

（六）鉴定意见；

（七）勘验、检查、辨认、侦查实验等笔录；

（八）视听资料、电子数据。

证据必须经过查证属实，才能作为定案的根据。

《中华人民共和国民事诉讼法》第六十六条　证据包括：

（一）当事人的陈述；

（二）书证；

（三）物证；

（四）视听资料；

（五）电子数据；

（六）证人证言；

（七）鉴定意见；

（八）勘验笔录。

证据必须查证属实，才能作为认定事实的根据。

《中华人民共和国行政诉讼法》第三十三条　证据包括：

（一）书证；

（二）物证；

（三）视听资料；

（四）电子数据；

（五）证人证言；

（六）当事人的陈述；

（七）鉴定意见；

（八）勘验笔录、现场笔录。

以上证据经法庭审查属实，才能作为认定案件事实的根据。

二、司法解释

《最高人民法院关于审理未成年人刑事案件具体应用法律若干问题的解释》第十六条　对未成年罪犯符合刑法第七十二条第一款规定的，可以宣告缓刑。如果同时具有下列情形之一，对其适用缓刑确实不致再危害社会的，应当宣告缓刑：

（一）初次犯罪；

（二）积极退赃或赔偿被害人经济损失；

（三）具备监护、帮教条件。

本章思考

财产欺凌和身体欺凌有什么共性特征吗？又有什么区别呢？可以总结一下跟同学们一起讨论吗？

第五章　拉帮结派损友谊

"美少女Moonlight！"

没有人是一座孤岛。

——〔英〕约翰·邓恩

"'班班有歌声'下周就开始啦！这周每天傍晚下课后，大家都留下来排练两遍怎么样？"放学时，文娱委员夏菲菲三步并作两步走上讲台说道。

"排练可以，"讲台下很快传来不和谐的声音，"但能不能不要占用大家放学的时间啊！"

循声望去，又是戚菱！

夏菲菲心里暗叹一声。

果然，戚菱一带头，教室里顿时嚷成一片。

"就是，放学以后我和隔壁班同学约好了要去踢球呢。"

"我要抓紧时间学习，哪有时间排练啊？"

"音乐课上大家都排得很熟练了啊，别刷存在感了好吗？"

"浪费时间。"

"反正我不排，谁爱排谁排。"

看着讲台上手足无措的夏菲菲，戚菱得意地翘起了嘴角。

小学三年级时，夏菲菲从国外转学到了戚菱所在的班上，原本“艳压群芳”的戚菱在容貌上反倒被压了一头。

这谁能忍？趁着夏菲菲和班上同学还不相熟的那段时间里，戚菱便在私下里跟同学们说，夏菲菲是富家女，压根儿就看不起同龄人。恰好夏菲菲因为需要练琴，经常来去匆匆，很少参加班上的课余活动，渐渐地就坐实了戚菱口中的“清高”形象，一直到六年级都没在班上交到一个朋友。

初中开学，发现又和夏菲菲在同一班级的戚菱如临大敌，抓紧用各种方法笼络班上的同学，用小礼物收买人心，拉帮结派。

她还给自己这一拨人建了一个叫“美少女Moonlight！”的微信群，在群里发夏菲菲的坏话，还将偷拍到的夏菲菲的照片加上点评文字做成表情包，用来发泄情绪，而群友们也很给面子：

“我早就看夏菲菲不顺眼了，老是自以为是。”

“就仗着路人多看她几眼，她的‘尾巴’就翘到天上去了，也不知道在装什么。”

想起几天前群里争相吐槽的盛况，再看看现在讲台上孤立无援的夏菲菲，戚菱差点笑出声来。

很快，同学们一窝蜂散去，班上只剩下了大南、启桁、阿祥、小宏等几个人。

夏菲菲失落地对剩下的同学说道：“好吧，那我们就下周比赛前再排练，大家先回家吧。”

说罢，她低头抱着书包向外走去。

“夏菲菲这是怎么了？跟她打招呼也没反应。”几乎是前后脚，刚从老师办公室回来的雨昕问道。

“你刚刚不是帮老师搬练习册去了嘛，”阿祥立即答道，“你没在，夏菲菲想让大家再排练一次，结果班上没一个人答应……”

没等阿祥说完，雨昕又急忙跑了出去。

“阿祥，你刚刚应该勇敢站出来的，”小宏坏笑着说道，“说不定能借此刷到雨昕的‘好感度’。”

“得了吧，”阿祥一摊手，“你祥哥我号召力这么强，万一大伙真被撺掇着一起排练怎么办？演出曲目明明已经足够熟悉了，还隔三岔五地练，烦不烦呀？”

“启桁，你呢？”大南用手指戳了戳启桁，“你刚刚怎么不帮夏菲菲说两句？”

“孤高的灵魂不需要羁绊之地！”启桁叉起腰。

阿祥和小宏狐疑地看向启桁。

“好吧，”启桁瘪了瘪嘴，“我不擅长和女孩子说话，尤其是漂亮的。”

“嗤……”阿祥笑道，“这个启桁就是‘逊’啦！”

“跑哪儿去了呢？一转眼就不见了……”再度折返教室的雨昕低声嘟囔道。

“什么？”众人没听清。

雨昕懊恼地跺了跺脚：“我说，我没——赶——上！”

夏菲菲此时只想找个没人的地方静一静，雨昕往校门口的方向追去，当然找不到她。

站在空无一人的音乐教室外，透过玻璃窗，夏菲菲看着被夕阳晕染得散发出金色柔光的钢琴，愣愣地出神。往常，余晖中的景象总会带来静谧、温暖和美好，但现在的她，只觉得冷。

“平日里为了练琴，我很少参加班级的课余活动，渐渐地，和同学们的共同话题越来越少……为了实现理想，我到底放弃了多少同龄人应有的快乐……未来，我究竟还将错过多少……可这，这一切都值得吗……”她默默地想着。

时光随着思虑缓缓流淌，秋暮的风拂动校园里影影绰绰的林荫，拂乱夏菲菲柔顺的长发，恍然间，竟已是清校时分。摇了摇头，夏菲菲看了眼手表，忙往校门口走去。

傍晚的校门口是小摊贩们的“兵家必争之地”，不仅有逗留的馋嘴学生，偶尔还会出现一些“奇奇怪怪”的人。就在夏菲菲刚走出校门时，一伙留着“杀马特”造型的怪人从隐秘的角落里冒了出来。

“你们看，这是今年刚刚入学的初一新生吧？这气质，我打赌她肯定是学舞蹈的！”

“你这二愣子，这美女身板挺得绷直，肯定是搞艺术体操的吧！”

“你们有没有点常识啊，我打赌，她肯定是学音乐的！走，上去撩她一下！”

于是，头发颜色好比交通信号灯的三个“杀马特”开始了行动。

“嘿！小姑娘，你好，我们是友洪艺术培训中心的，想了解一下你现在有兴趣加入我们新成立的艺人公司吗？”

“我看你应该很有才艺啊，哈哈哈，我们仨看你是个大美人胚子！”

“……”夏菲菲看着这三个不伦不类的“杀马特”，顿时哭笑不得，“嬉皮士的时代已然过去，你们说自己是染烫造型的还更可信一点。”

“什么叫染烫造型啊？美女，咱们还是需要互相多了解一下嘛。”说着，绿灯好像突然意识到自己代表通行，手不自觉地搭到夏菲菲的手上。

“你们三个！对，说你们呢，是友洪中学的学生吗？”校门口人高马大的保安喝道。

“保安叔叔，他们三个好像是演艺公司的。”有个人答道。

“演艺公司？到我们校门口做什么！还乱牵我们学校女生的手！”保安大叔说。

周围小吃摊上滞留的同学一看有热闹，纷纷围了过来。

这时，保安队长听到校门口嘈杂的声音便连忙赶来，看到这三个发型怪异的人，他立马反应过来：“就是这三个小混混，他们上周还来这里搭讪我们学校高中的女生，后来给扭送到派出所教育去了！怎么着，死性不改？”

“红绿灯们”一看这阵仗，也搭讪不到心仪的小姑娘了，于是找了个借口说会再联系夏菲菲，便踩着拖鞋匆匆离去。

不速之客离开了，指指点点的围观群众却越聚越多。猛然间，夏菲菲发觉话题的中心不知何时竟变成了自己，心中隐隐地有些不安，赶忙避开人群，从另一个方向回了家。

谁承想，第二天班上就炸开了花，有说夏菲菲和社会上那些不三不四的人往来的，有说夏菲菲年纪轻轻就和三个无业游民眉来眼去，社会关系太复杂。戚菱的“美少女Moonlight！”群里也流传着夏菲菲和小混混在一起的照片。

流言，是传播最快的瘟疫，也是杀伤性最强的武器。

夏菲菲一时间难以面对这突如其来的恶意，于是在学校里就默默地一个人看书，谁也不理，回家就把自己关在房间里，对着自己的梳妆镜发呆、流泪。

三年多了……原来自己还是没有习惯这样的日子……

好想把自己封印在镜子里，不用再出去面对这个充满了误解和嘲笑的世界！

好在第三天的早读课上，黄老师就把保安队长请来班级，为夏菲菲做了澄清。

“真的假不了，假的也真不了！”黄老师拉着夏菲菲的手，

对大家说道，“我希望我们是一个团结友爱的班集体。当外部的谣言愈传愈烈，有些同学不仅不帮忙澄清、维护友谊，反而拉帮结派、推波助澜，私下里搞小动作！这是什么行为？这是同班同学该有的行为吗？”

“不是！”雨昕喊道。

虽然气氛很是严肃，但看到雨昕无比认真的样子，同学们提着的心还是稍稍放缓了一些。

“夏菲菲同学聪明、善良、多才多艺，是我们最引以为傲的文娱委员，”黄老师的语气也缓和了下来，“我们新学期刚刚开始，同学们之间还是缺乏沟通和了解。我希望从今往后，大家互相间多多交流，相互学习、破除小团体，不要让类似的事件再度发生！”

台下响起了热烈的掌声。

夏菲菲听着，听着，泪水倾泻而出。

“这掌声也是给你的。”黄老师看着夏菲菲，微笑着说道。

泪眼蒙眬中，夏菲菲也回应大家一个释然的微笑——直到看见了撇着嘴的戚菱。

故事思考

1. 你遇到过同学组成“小团体”的现象吗？

2. “小团体”平时都在做什么呢？你是怎么分辨同学间的小团体呢？

3. 遇到“小团体”孤立同学的现象，应该怎么应对呢？

故事评析

夏菲菲的烦恼是不是有点眼熟？这也时常被打趣为“美女的烦恼”。但这种烦恼不可被忽视，我们要更进一步地了解产生这种现象的原因。因为，这种现象往往隐含着一种潜在的欺凌方式，即社交欺凌。我们可以从夏菲菲、戚菱的心理活动中认识一下何为社交欺凌。

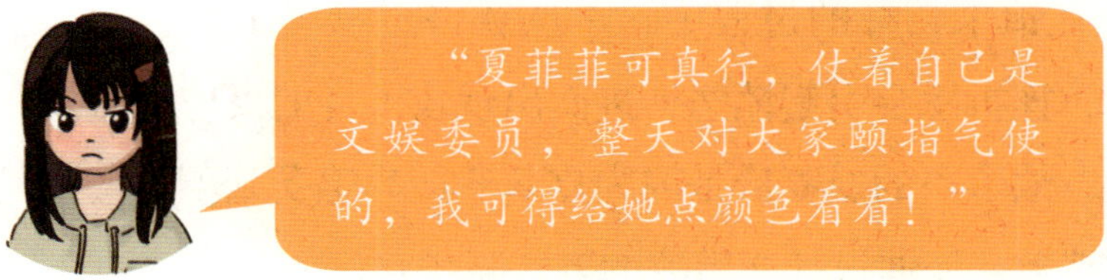

为了不让夏菲菲完成既定的工作任务，戚菱仗着自己在小团体中的话语优势，让与她关系好的伙伴们都不配合夏菲菲的工作。这就是典型的通过影响个人正常的社交，达到孤立他人的目的。这也阐述了社交欺凌的根本目的，即孤立他人。那么，这种欺凌是怎么形成，具有什么特点呢？

第一，社交欺凌主要通过影响社交的方式推进。社交欺凌充分利用了个人在人际关系中“害怕落单”的心理，通过阻碍青春期孩子认可和归属感的获得来实施欺凌。例如，用“撤回关系”威胁对方，满足自己的需求：如果你不……就绝交。或是把人排除在小团体之外，故意“无视”。还有否定你的真实情绪，只在你顺从自己的时候才表现出亲密和友善。另外使用消极肢体语言和面部表情，包括瞪眼、使眼色、不屑或嘲讽的表情。

第二，具有不易察觉的特点。社交欺凌的实施方式比较隐秘，一开始是很难被识别的。这种不易察觉性，让被欺凌者的反抗变得困难，搞不清楚自己的同学甚至朋友为什么会这样，甚至在自己身上找原因，这会引发焦虑、抑郁，并使自尊心受到打击。

第三，引发的原因往往与情绪有关，如嫉妒，敌意归因（把别人的行为解读为敌意负面的）。当这些情绪发生时，欺凌者反而会产生攻击心理。这种心态在心理学上被称为挫折—攻击假说，即个体在追求目标的过程中，无法获得需求满足时，便会引发挫折情绪，挫折感会引起愤怒，进而出现攻击性的反应和敌对行为。换言之，故事里的戚菱恰是因为夏菲菲让其感受到不满甚至是内心深处的挫败，便通过社交欺凌的方式减少自己的沮丧感。

“也不知道为啥，大家都不太喜欢我。可能我不太受同学的欢迎吧，感觉班上有很多同学都挺讨厌我的！唉！”

一般而言，社交欺凌会产生如下影响：

第一，扰乱正常的人际交往秩序。小团体的形成会破坏友好和谐的校园环境和社会秩序，不利于同学们和睦相处和健康发展。

第二，影响个体的身心健康。虽然这种打击看不见、摸不着，但是关系到个人的自我认可，关系到人际交往。社交需求作为人类生存的重要需求之一，其能否得到满足对人的身心健康有着深远影响。社交欺凌则因为直接阻碍人的正常交往需求，将对被欺凌者的精神造成打击。严重者，将产生焦虑、抑郁等症状。

第三，危害存在持续性。社交欺凌的影响往往不会一蹴而就，而是经过一定时间的积累、发酵才爆发出巨大的危害。一旦感受到这种危害的时候，往往已经难以补救。

夏菲菲的精神状态的变化充分印证了社交欺凌的危害。所以，遇到社交欺凌的时候，像夏菲菲一样封闭自己是不可取的，盲目地自我封闭可能导致陷入压力怪圈，甚至钻牛角尖，陷入痛苦的自我否定当中。所以，当遇到这种情况，要及时地自我纾解，同时向父母、老师等信赖的人求助，帮助自己有效地排解压力，以更好地应对环境变化。

在任何一种欺凌类型中，旁观者都是一个重要的群体。但在社交欺凌中，旁观者的重要性被更加凸显出来。如故事中班级里的其他同学，客观来说都是旁观者，若大家不自觉地共同疏远菲菲，将加剧戚菱的欺凌行为；而若大家正常地维护同学情感，那么戚菱的行为则难以达到她所欲实现的意图。幸好作为班长的雨昕，并没有人云亦云，不断保持自己独立的判断，而且在发现问题的时候，及时地配合老师。通过老师的介入，大家一起帮助夏菲菲敞开心扉，并纠正同学们的错误，有效避免了恶性事件的产生。

重点概念

社交欺凌，是指日常社交群体间的关系被其他人通过传播谣言、相互勾结、孤立或排挤等方式予以故意破坏。

典型案例

2020年，某校女学生朱某伙同另外4名女生在学校女生宿舍楼内，采取恶劣手段，无故殴打、辱骂两名女学生，并拍摄视频。其间，5名女生脱光了1名被欺凌女同学的衣服予以羞辱，并用手机拍摄了羞辱、殴打视频，事后还在自己的微信群内小范围传播；其中1名被害人，当天先后被殴打了3次。之后朱某等5人被人民检察院提起公诉。在法院庭审过程中，法庭询问5名被告为何要对同学下毒手的原因，答案只是因为其中1名被告当天心情不好。诉讼过程中，经鉴定两名被害人均构成轻伤，其中1名被害人精神抑郁。最终，法院依法判决被告人朱某犯寻衅滋事罪，判处有期徒刑1年。被告人赵某、李某、霍某、高某犯寻衅滋事罪，分别判处有期徒刑11个月。同时，在案发后8个月的时间里，两名被辱骂的女生始终是把自己关在家里的屋子里不出来，心理伤害愈加严重。

释法说理

本起案例是典型的“小团体”作案，通过小团体的力量优势，对所谓看不惯、不喜欢的同学进行打击。如果说故事里的夏菲菲遇到的是隐性沉默的社交欺凌，那么案例中的两名女学生所遇到的社交欺凌性质则更为恶劣，是将隐性的社交欺凌通过肢体侵犯的方式显性化。值得注意的是，在法院审理案件过程中，朱某等人实施欺凌的原因仅是其中一名同学心情不好，这不但说明了欺凌行为的诱因多发、难以预判，也更加凸显了自我保护的必要性和重要性。同学们在复杂的社会生活中必须学会坚定自我，自我保护，才能尽可能地避免不必要的伤害。当然，这个案例还充分地说明了欺凌的严重影响，受伤的女同学在身体受伤之后精神也饱受困扰。所以，防范欺凌，必须从小抓起，从每一位同学做起。防范欺凌，人人有责。

案例启发

社交欺凌，是个人情绪健康发展的“拦路虎”，不能听之任之，而要充分重视，严加防范。但有时，我们也会遭遇“飞来横祸”，如案例中两位无辜被辱骂的女生。那么，我们应当如何预防和应对社交欺凌呢？

第一，坚定自信，提升自我。社交欺凌客观上在挑战个人的心理承受能力。同学们在日常生活中要有意识地通过自己的行为举止展示个人的积极状态。例如培养自己艺术、体育等良性兴趣爱好，这些兴趣爱好可以提升我们的自信心，同时帮助我们纾解压抑情绪，并且在遇到挫折的时候，可以在兴趣爱好的熏陶下坚定对自我的认识。例如故事中的夏菲菲，虽然在遭受社交欺凌时非常痛苦，但好在她有弹琴的兴趣爱好，所以在一定的阶段内，没有发生严重的恶性事件，而且这一兴趣爱好也使得她对自己虽有质疑，但还不至于走极端。

第二，友善待人，宽厚相处。鉴于社交欺凌产生的原因多与情绪处理相关，因此在日常生活中，同学们需秉承友善待人的基本原则，共同营造宽松、和善的相处氛围。在自己的能力范围内为身边的人提供力所能及的帮助，这种帮助的形式可以多种多样，既可以是提供共情的情绪价值，也可以是其他。

第三，勇于应对，及时求助。遇到社交欺凌，首先要告诉自己，这并不是自己的错，要有充分的信心和勇气。如果只是忍气吞声，欺凌者可能会更加嚣张，所以在面对欺凌时，一定要自信、大声并且坚定地用语言拒绝。但是，千万不要贬低对方或者动手回击，这样容易将自己置于被动的处境，容易激怒欺凌者。在拒绝无效的时候，要学会向成年人求助。毕竟，师长的介入和教育才是最有效、最有益的预防和解决方式。

作为中学生的我们，切不可加入任何有欺凌意向的“帮派”，成为社交欺凌的帮凶。当遇到求助的同学时，我们一定要充分重视，给予同学充分的关爱、帮助，让同学在友善、宽松的氛围中恢复身心，找回自信。

法条链接

1. 有期徒刑

有期徒刑是我国刑法规定的刑罚的一种，指在一定期限内剥夺犯罪人的自由，实行强制劳动改造的刑罚方法。有期徒刑是我国适用面最广的刑罚方法。

《中华人民共和国刑法》第四十五条　有期徒刑的期限，除本法第五十条、第六十九条规定外，为六个月以上十五年以下。

第四十六条　被判处有期徒刑、无期徒刑的犯罪分子，在监狱或者其他执行场所执行；凡有劳动能力的，都应当参加劳动，接受教育和改造。

第四十七条　有期徒刑的刑期，从判决执行之日起计算；判决执行以前先行羁押的，羁押一日折抵刑期一日。

第六十九条 判决宣告以前一人犯数罪的，除判处死刑和无期徒刑的以外，应当在总和刑期以下、数刑中最高刑期以上，酌情决定执行的刑期，但是管制最高不能超过三年，拘役最高不能超过一年，有期徒刑总和刑期不满三十五年的，最高不能超过二十年，总和刑期在三十五年以上的，最高不能超过二十五年。

数罪中有判处有期徒刑和拘役的，执行有期徒刑。数罪中有判处有期徒刑和管制，或者拘役和管制的，有期徒刑、拘役执行完毕后，管制仍须执行。

数罪中有判处附加刑的，附加刑仍须执行，其中附加刑种类相同的，合并执行，种类不同的，分别执行。

2. 主犯和从犯

在刑事共同犯罪当中，根据行为人起的作用不同，可以分为主犯、从犯以及胁从犯。其中，主犯主要包括组织、领导犯罪集团进行犯罪活动的犯罪分子以及在共同犯罪中起主要作用的犯罪分子。从犯主要包括在共同犯罪中起次要作用的实行犯和教唆犯以及在共同犯罪中起辅助作用的从犯。

《中华人民共和国刑法》第二十六条　组织、领导犯罪集团进行犯罪活动的或者在共同犯罪中起主要作用的，是主犯。

三人以上为共同实施犯罪而组成的较为固定的犯罪组织，是犯罪集团。

对组织、领导犯罪集团的首要分子，按照集团所犯的全部罪行处罚。

对于第三款规定以外的主犯，应当按照其所参与的或者组织、指挥的全部犯罪处罚。

《中华人民共和国刑法》第二十七条　在共同犯罪中起次要或者辅助作用的，是从犯。

对于从犯，应当从轻、减轻处罚或者免除处罚。

本章思考

社交欺凌的危害隐蔽而重大，日常生活中也十分常见，说说你遇见的社交欺凌现象及其应对方法。

第六章　网络不是“法外地”

我夏洛克·启析一贯劝人向善

秩序是自由的第一条件。

——〔德〕黑格尔

“嘿，大南！这次期末考你考得咋样？”雨昕问道。

“平时成绩最差的数学……好歹是及格啦，”大南挥了挥拳头，开心地说道，“寒假我要再接再厉，迎头赶上！”

“恭喜你呀大南，”夏菲菲突然从两人身后冒了出来，“不过好不容易放假了，没有出去旅游的打算吗？”

“还没想好，”大南好奇道，“菲菲，这么说来，你已经有旅游计划啦？”

“我寒假想去海南玩一玩，”菲菲一脸期待地说，“即便是冬天，海南也是阳光明媚，融融暖阳，粼粼波光，习习熏风！我已经迫不及待了！”

“能和女生聊得一片和谐的，是不是只能是大南那样没开窍的啊。”角落里，阿祥郁闷地看向大南他们。

“你说呢？哎？”小宏推了推在课本上画画的启桁。

“此言大谬！”启桁义正词严地反驳了一句，而后又像泄了气的皮球似的“瘫”在桌面，“我启桁也想拥有玫瑰色的人生啊！可恶！”

“吁——”阿祥嘘道。

“这简单，”小宏提高了嗓门，“夏菲菲——启桁说他喜欢你！”

“好贼子！”启桁闻言一骨碌爬起，拎起笔袋作势要打，

“今儿个跟你拼了！哇呀呀食我夜战八方藏刀式——”

初一上学期就这样在小宏等人的嬉闹中落下了帷幕。

终于可以好好过个假期啦！

夏菲菲家里计划着带她去海南放松几天，而后再转道去昆明玩玩。

出发前的那晚，夏菲菲在镜子前将衣柜里的衣服试了一遍又一遍，直到满意了才睡觉。第二天醒来，夏菲菲往镜子前一照，看着自己浓浓的黑眼圈哭笑不得。

旅游的过程中，夏菲菲拍了超多的视频日志发在自己视频号

里，阳光、海浪、沙滩……在冬日暖阳里，她惬意地躺在沙滩椅上，把自己从平日繁重的艺术培训和学业中释放出来。

然而并非所有人的假期都如夏菲菲那般美好。

戚菱郁闷地看着夏菲菲的视频号，自言自语道："每条视频点赞都破百！怎么我发的视频日志就只有几个人点赞啊，夏菲菲给他们灌了什么迷魂汤，这么多人关注她？"

说着，她气呼呼地将手机甩在了枕头上。

同样多才多艺的戚菱本就对夏菲菲很有成见：每次年段要举牌、领舞、领唱、主持等活动，老师都是选夏菲菲作为班级代表，连出黑板报的任务班主任都交给她负责——我戚菱就真的一个机会都得不到吗？我也想从这一次一次的文艺活动中积累经验，我也想未来可以走向更高的舞台展示自己……

戚菱越想越气，正所谓"怒从心头起，恶向胆边生"，看着阴霾的窗外，戚菱喃喃道："有了，有了……AI换脸！"

"菲菲！你快看看，这是你吗？"

开学的第一天，寄宿

生的手机还未上交班主任代管，就有同学拿着一条短视频惊讶地找到夏菲菲。

夏菲菲定睛一看：一个搔首弄姿的女主播，配着一些不当词汇及劲爆的音乐，顶着的却是夏菲菲的脸！

“不不不，这不是我发的视频日志，是经人刻意修图换脸的！”喘着粗气，夏菲菲感觉自己的心脏猛烈地撞击着喉咙，想要反驳，出口却已是哭腔！

“呦！这不是我们的派对女王夏网红吗？你还有脸来学校呢？”戚菱和几个女同学闻声而来，“你看看视频下面的评论，我看‘粉丝’们都对你很感兴趣呢！哈哈哈。”

“雨昕，”哽咽着，夏菲菲对雨昕说道，“你可以帮我澄清一下吗？这个视频真的不是我发的，我发的都是我度假的视频，

你看看……”

考虑到短视频传播迅速的特点，以及这类事件的不良影响，雨昕急忙拉着夏菲菲朝着班主任办公室跑去。

“启桁！启桁！”大南呼唤道，“怎么会发生这种事？怎么办啊？”

“这个视频发布的IP地址是在友洪本地，而同一时间，夏菲菲是在海南，”小宏插话道，“所以，首先可以排除夏菲菲本人的嫌疑。而不认识的人干不出这么无聊的事，所以——嫌疑人就在夏菲菲身边！”

“这还用说！”启桁扶了扶眼镜，白了小宏一眼，“这类事件完全可以从嫌疑人的犯罪动机入手。一般来说，要么是发布视频可以获利，要么是可以达成某种报复的作用。这个新账号目前只发布一条视频，我觉得‘获利’动机可以排除。那么现在，我们就可以从和夏菲菲有矛盾的人开始着手，一个一个地排除嫌疑……”

“煞有介事的，你以为你是什么名侦探不成！”戚菱身边，一个女生嗤笑道。

深吸一口气，启桁继续说道：“不过我认为，这么恶劣的事件，应该让警察联系视频平台，直接查询发布者的手机号码。”

蓦地，戚菱的手哆嗦了一下，原本紧握着的手机顿时掉在了地上。

看了看兀自慌张的戚菱，启桁叹了口气，揉了揉小胖脸：“鉴于嫌疑人大概率就在我们中间，身为同学，我真诚地给出以下建议：一、删除视频，以免铸成更大的恶果。二、向受害人道歉，乞求原谅，自此收敛。三、趁着黄老师还没来得及生气，赶紧去把来龙去脉解释清楚。四、据我观察，班上还有几位女生受到了排挤，大约就在上次的小混混事件发生之后——也就是说，在我观察不到的地方，很可能存在一个交流群，在上次事件后有人因为不愿继续迫害夏菲菲而选择了退出，而她们，也成了被迫害的对象。解散该群，刻不容缓！五、我夏洛克·启桁口渴了，谁给倒杯水……”

一跺脚，戚菱抿着嘴头也不回地离开了教

室。看方向，俨然是黄老师的办公室！

“果然是她！”小宏夸张地叫道，“但启桁，我没料到她竟能听你的话！”

“非我也，势也。”启桁摇头晃脑道。

“有操作的啊，启桁！”小宏抱住了启桁的脑袋，“我宣布！今天起你就是我的偶像！”

“加我一个！”阿祥也来凑热闹。

“还有我！”大南开心地叫道。

“Wait！ Wait！”启桁挣扎道，“I can't breathe！”

办公室内，雨昕和黄老师看着戚菱、夏菲菲握在一起的手，欣慰地笑了起来。

“戚菱，你在哆嗦什么啊？”黄老师奇怪地问道。

“老师……是不是按启桁说的那样，道歉……然后删除视频就可以了？”抽噎着，戚菱忐忑地反问。

“他说得很对，但远远不止，”黄老师语重心长地看着戚菱，“戚菱！记住今天，记住你给他人带来的伤害！然后尽自己的所能，一点一点地去弥补，好吗？”

“嗯。”红着眼眶看向夏菲菲，戚菱低头应声。

“那我们就从最简单的开始做起，”黄老师侧着头俯下身子，看着她的眼睛轻声说道，“你出于不好的目的建立的那个微信群……回家之后，把它解散掉，能做到吗？”

“嗯！”戚菱依旧低着头。

“竞争和合作，是人生永远的主题。堂堂正正，才能真正地面对自己、了解自己、超越自己、挑战巅峰，”黄老师拉起戚菱和夏菲菲握在一起的手，“下个月3号，是学校的文艺会演，我们年级需要两个主持人。我在寒假里已经替你们把名额申请下来了，你们要好好努力啊！”

“真的吗？黄老师！”戚菱难以置信地抬起了脑袋，遮掩在刘海下的睫毛早已被泪水濡湿。

“真的！”黄老师微笑着看着戚菱，又看向夏菲菲。

夏菲菲也微笑着冲着黄老师比了个“OK”的手势。

“黄老师——”

千头万绪涌上心间，戚菱扑在了黄老师的怀里。

她在学业的海洋中、在人生的道路上哭过许多次，但从未有过如今天这般，哭得悔不当初，哭得撕心裂肺，哭得畅快淋漓！

故事思考

1. 你常用什么社交软件？有没有遇到过照片被冒用、账号被盗用等类似的情况？

2. 发现账号被冒用，可以用什么方式补救呢？

故事评析

互联网已经成为我们日常生活必不可少的一部分。截至2023年6月，我国网民规模已达10.79亿，其中未成年网民规模已突破1.9亿。但是我们在享受网络带来的科技红利同时，也会遇到甚至饱受网络不法行为的困扰。其中，网络欺凌，就是依托互联网施行欺凌的不法行为。这种欺凌行为有什么特点呢？我们重点从戚菱同学的行为进行分析。

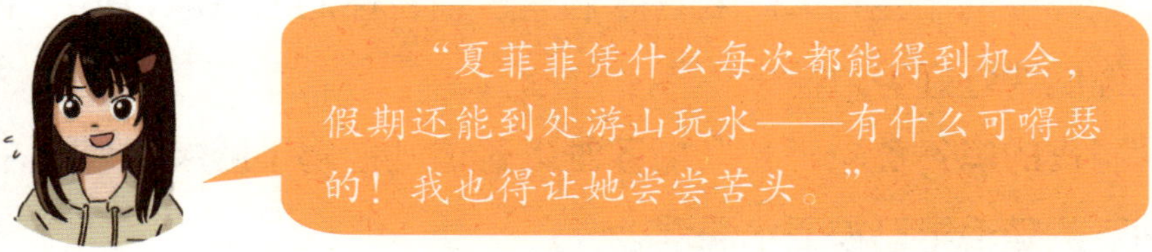

回顾戚菱的心路历程，我们发现网络欺凌的根源同样来源于对他人的轻蔑、不满乃至于嫉妒。这类欺凌的几个重点要素包括：

第一，意在抹黑别人。网络欺凌的实施者通常不会全然不顾自己的个人形象，而是意图运用网络的隐蔽性，隐藏自己的真实身份，通过冒用他人的名义或者篡改他人素材以达到抹黑他人的目的。这种欺凌的最终目的是贬损他人的人格，影响他人的社会评价。

第二，凭空捏造或是篡改已有素材。网络欺凌者一般会以潜在的被欺凌者为原型，或是冒用其身份进行网络不良信息传播，或是以其已有的公开素材为基础，进而捏造不良信息，以达到抹黑的目的。故事中的戚菱恶意篡改夏菲菲的视频，让不明真相的网络群体对夏菲菲产生消极、错误的个人评价，将尚在求学阶段的夏菲菲认为是网红主播，并且对夏菲菲进行骚扰，极大地影响夏菲菲正常的生活。

第三，并不直接反映欺凌主体，具有隐蔽性。不同于言语欺凌、身体欺凌这类显性欺凌行为，网络欺凌作为一种隐性的欺凌方式，一般难以直观地看出具体的欺凌实施主体，须依托互联网，历经多方查证，才能判断出真正的欺凌者是谁。比如对于恶搞夏菲菲视频的追查，无论是黄老师还是其他同学都难以在第一时间判断具体的视频制作人。只能通过对视频发布的地点、动机等细节一一展开调查，抽丝剥茧，最终锁定始作俑者。

“啊？大家怎么说我是网红？我怎么会被剪接在网红女主播的身上，这可怎么办？不行，我需要一个真相！”

网络欺凌带来的直接影响就是被欺凌者社会评价的贬损，而且这种评价难以在短时间内得到消除。毕竟，网络发酵的速度远远快于客观现实。故事里夏菲菲的快速反应是值得称道的。她没有陷入自我恐惧中而无法自拔，而是及时找到了班长雨昕，请雨昕一块帮忙想办法处理。这里也提示我们，遇到自己难以解决的问题时，可以通过向同学求助等方式寻求有益的解决方法，毕竟“人多力量大”“三个臭皮匠，可以顶个诸葛亮”。

“菲菲这次遇到了大麻烦，咱可不能坐视不管，一定要想办法挖掘问题的关键所在，帮助菲菲正名！”

启桁作为这次欺凌事件的旁观者，在保持一贯的热心与责任感的同时，充分地运用了自己的生活经验和网络知识，帮助夏菲非逐一排查潜在肇事者，而且巧妙地通过与同学们的沟通，在给予戚菱必要的风险警示的同时，委婉地给戚菱指出了可行的解决方案。所以，作为旁观者，审慎、智慧地遏制欺凌，重要且有益！

重点概念

网络欺凌指通过QQ、微信、电子邮件、贴吧等多元网络媒介，散播或者恶意冒名发表旨在对他人构成侵害的言论、图片或视频等内容的行为。

典型案例

2020年10月中旬，李某发现在校园贴吧中有个名为“投桃报李”的用户使用其照片作为头像，散播淫秽信息，并且留下李某的手机号和QQ号，导致许多陌生人添加李某QQ号或发送短信，内容皆涉及骚扰信息，给李某造成巨大压力。李某不堪其扰，后发现系刘某冒用其照片泄露其个人信息，于是将刘某及其父母诉至法院，要求刘某删除所有侵犯其权利的贴吧相关内容、赔偿精神损害抚慰金180000元、支付因为维权支出的费用30000元、停止侵害、消除影响、恢复名誉。

法院经审理查明，李某确实是手机尾号1872和QQ尾号573的用户。用户“投桃报李”注册时绑定的手机尾号为1985，机主系刘某。2020年10月8日用户“投桃报李”在“贴吧”中回帖两则，内容为“会卖萌，求个金主，线上线下均可+企鹅******573”，其中第二条回帖中上传了照片一张，该张照片与

"投桃报李"使用的头像照片一致，系李某的古装艺术照。后"投桃报李"在贴吧中又回了三则类似的消息，还上传照片两张，其中一张照片与前述该用户头像照片一致，另一张照片为李某的艺术照，背景为草原。

法院经审理认为，刘某使用李某人物照片作为自己贴吧用户头像，在贴吧中上传李某人物照片，使贴吧用户身份特定化，足以使不特定多数的网民认为头像、照片中的人物李某即为相关贴吧信息的发布者，而且刘某使用自己的贴吧账户"投桃报李"发布了李某的手机号码和QQ号码，这些李某的个人信息具有较强人身性和排他性，加之刘某已经在贴吧中上传了李某的人物照，使得李某的身份更加特定化且易于识别。此外，刘某在贴吧中传播带有明显贬义的文字内容，虽然没有指名道姓，但足以使网民认为李某即为涉案信息的发布者。刘某假借李某的名义故意虚构、散布文字内容的行为在主观上存在过错，形成了李某被骚扰的损害后果，造成了李某社会评价的降低，最终法院认定刘某行为侵犯了李某的名誉权。鉴于刘某系未成年，法院最终判决刘某父母于本判决生效后七日内，向李某赔礼道歉；另赔偿李某精神损害抚慰金10000元和维权费用20800元。

释法说理

网络欺凌作为间接欺凌方式，较于身体欺凌、言语欺凌，其行为手段更具隐蔽性，不容易察觉。但是，这种相对隐蔽的欺凌破坏的是个人的社会评价或是抑制个人的社会交往需求，因此其产生的损害后果更直接影响被欺凌者的精神状态和心理健康。比如案例中李某因为收到了许多陌生人的短信和骚扰，导致正常的生活秩序被打乱，而且骚扰信息本身含着对李某人格的贬损，最终导致李某不堪压力，起诉主张权利。这种被侵犯的权利为公民的人格权，更进一步而言是人格权中的名誉权。当然，刘某因为自己的行为付出了代价，不但须在公开场合赔礼道歉，也须支付相应的经济赔偿。

案例启发

联合国教科文组织于2019年宣布，为了保障儿童和青少年的受教育权和身心健康，将每年11月的第一个星期四定为“反对校园暴力和欺凌包括网络欺凌国际日”。2020年11月5日是首个反对校园暴力和欺凌包括网络欺凌国际日。据联合国教科文组织发布的涉及144个国家调研情况的研究报告*Behinds the Numbers：Ending School Violence and Bullying*（《数字背后：结束校园暴力和欺凌》），全球近三分之一的学生在调研时最近一个月受到过至少一次欺凌。其中，网络欺凌在日益增长。《2021年全国未成年人互联网使用情况研究报告》显示，未成年网民在网上遭到讽刺或谩骂的比例为16.6%；个人信息未经允许在网上被公开的比例为6.1%；55.8%的未成年网民会向父母等亲人寻求帮助，但仍有8.5%的未成年网民表示不会告诉其他人。长期以来，我国充分重视营造有利于未成年人身心健康发展的网络环境，并且探索从立法层面给予充分保障。2024年1月1日起施行的《未成年人网络保护条例》是我国出台的第一部专门性的未成年人网络保护综合立法，该条例第二十六条第一款强调："任何组织和个人不得通过网络以文字、图片、音视频等形式，对未成年人实施侮辱、诽谤、胁迫或者恶意损害形象等网络欺凌行为。"不过，本章案例中的李某则属于能积极主动维权的群体，而且合理运用法律武器保护了自己。

那么，要怎么预防网络欺凌呢？

第一，保护个人信息。网络欺凌往往从冒用个人信息入手，因此保护个人信息非常重要。具体而言，不要随意在网上公开个人信息，如姓名、地址、电话、照片等。尽可能从手机自带的官方应用商店下载安装软件，当不慎丢失个人手机等重要的信息载体，要及时通过修改密码、更换手机号码等方式来保护自己的信息。

第二，重视网络安全。强化对网络安全的重视也是预防网络欺凌的重要方法。同学们可以通过共同学习网络安全知识、提高自身意识等方式来增强自我保护能力。同时，共同遵守网络文明规则，倡导健康、文明的网络文化，来减少网络欺凌的发生。

如果不慎遇到网络欺凌，又应该怎么办呢？

第一，保持冷静。遭受网络欺凌时，首先要保持冷静。不要被情绪控制，也不要轻易做出回应。因为这往往会引起更多的攻击和辱骂。如果情绪激动，建议先缓解一下自己的情绪，再思考应对良策。

第二，寻求帮助。如果遭受了网络欺凌，可以向身边信赖的人寻求帮助。比如向家人、朋友、老师等人讲述自己的遭遇，听取他们的建议和支持。如果情况比较严重，可以向公安机关报案，利用法律来保护自己的权益。

法条链接

一、法律

1. 名誉权

所谓名誉权，是人们依法享有的对自己所获得的客观社会评价，排除他人侵害的权利。它为人们自尊、自爱的安全利益提供法律保障。名誉权主要表现为名誉利益支配权和名誉维护权。我们有权利用自己良好的声誉获得更多的利益，有权维护自己的名誉免遭不正当的贬低，有权在名誉权受侵害时依法追究侵权人的法律责任。

《中华人民共和国民法典》第一百一十条　自然人享有生命权、身体权、健康权、姓名权、肖像权、名誉权、荣誉权、隐私权、婚姻自主权等权利。

法人、非法人组织享有名称权、名誉权和荣誉权。

第一千零二十四条　民事主体享有名誉权。任何组织或者个人不得以侮辱、诽谤等方式侵害他人的名誉权。

名誉是对民事主体的品德、声望、才能、信用等的社会评价。

第一千零二十五条　行为人为公共利益实施新闻报道、舆论监督等行为，影响他人名誉的，不承担民事责任，但是有下列情形之一的除外：

（一）捏造、歪曲事实；

（二）对他人提供的严重失实内容未尽到合理核实义务；

（三）使用侮辱性言辞等贬损他人名誉。

第一千零二十六条　认定行为人是否尽到前条第二项规定的合理核实义务，应当考虑下列因素：

（一）内容来源的可信度；

（二）对明显可能引发争议的内容是否进行了必要的调查；

（三）内容的时限性；

（四）内容与公序良俗的关联性；

（五）受害人名誉受贬损的可能性；

（六）核实能力和核实成本。

第一千零二十七条　行为人发表的文学、艺术作品以真人真事或者特定人为描述对象，含有侮辱、诽谤内容，侵害他人名誉权的，受害人有权依法请求该行为人承担民事责任。

行为人发表的文学、艺术作品不以特定人为描述对象，仅其中的情节与该特定人的情况相似的，不承担民事责任。

第一千零二十八条　民事主体有证据证明报刊、网络等媒体报道的内容失实，侵害其名誉权的，有权请求该媒体及时采取更正或者删除等必要措施。

2. 隐私权

隐私权是指公民享有的私人生活安宁与私人信息依法受到保护，不被他人非法侵扰、知悉、搜集、利用和公开等的一种人格权。

《中华人民共和国民法典》第一千零三十二条　自然人享有隐私权。任何组织或者个人不得以刺探、侵扰、泄露、公开等方式侵害他人的隐私权。

隐私是自然人的私人生活安宁和不愿为他人知晓的私密空间、私密活动、私密信息。

第一千零三十三条　除法律另有规定或者权利人明确同意外，任何组织或者个人不得实施下列行为：

（一）以电话、短信、即时通讯工具、电子邮件、传单等方式侵扰他人的私人生活安宁；

（二）进入、拍摄、窥视他人的住宅、宾馆房间等私密空间；

（三）拍摄、窥视、窃听、公开他人的私密活动；

（四）拍摄、窥视他人身体的私密部位；

（五）处理他人的私密信息；

（六）以其他方式侵害他人的隐私权。

《中华人民共和国未成年人保护法》第七十七条　任何组织或者个人不得通过网络以文字、图片、音视频等形式，对未成年人实施侮辱、诽谤、威胁或者恶意损害形象等网络欺凌行为。

遭受网络欺凌的未成年人及其父母或者其他监护人有权通知网络服务提供者采取删除、屏蔽、断开链接等措施。网络服务提供者接到通知后，应当及时采取必要的措施制止网络欺凌行为，防止信息扩散。

二、司法解释

精神损害赔偿，是指自然人因其人身权受到不法侵害，使其人格利益和身份利益受到损害或遭受精神痛苦，受害人本人或者死者近亲属要求侵权人通过财产赔偿等方法进行救济和保护的民事法律制度。精神损害既包括积极的精神损害即精神痛苦和肉体痛苦，也包括消极的精神损害即知觉丧失，精神损害赔偿的法律性质，是财产赔偿责任，因为赔偿精神损害，只能通过财产的方式进行。

《最高人民法院关于确定民事侵权精神损害赔偿责任若干问题的解释》第一条　因人身权益或者具有人身意义的特定物受到侵害，自然人或者其近亲属向人民法院提起诉讼请求精神损害赔偿的，人民法院应当依法予以受理。

第五条　精神损害的赔偿数额根据以下因素确定：

（一）侵权人的过错程度，但是法律另有规定的除外；

（二）侵权行为的目的、方式、场合等具体情节；

（三）侵权行为所造成的后果；

（四）侵权人的获利情况；

（五）侵权人承担责任的经济能力；

（六）受理诉讼法院所在地的平均生活水平。

本章思考

《世界人权宣言》第十二条明确“任何人的私生活、家庭、住宅和通信不得任意干涉，他的荣誉和名誉不得加以攻击”，谈谈你对于这句话的理解，以及对于网络欺凌防范治理的启发。